U0740800

大数据时代
市场营销管理创新途径研究

张　静◎著

中国纺织出版社有限公司

内 容 提 要

市场营销管理体系的创新是企业核心竞争力提升的关键环节，并且越来越受到重视，市场营销在一般意义上可理解为与市场有关的一切活动。因此，我们首先要了解市场及其相关概念。本书是关于市场营销管理的一本专著。首先，阐述了营销管理以及环境营销的概念，随后讲述了大数据时代、经济全球化背景下我国企业市场营销的理念。第二，以大数据为背景讨论了营销创新模式、人工智能等。本书内容结构完整，章节环环相扣，适合对市场营销管理有学习需求、研究的人士使用。

图书在版编目（CIP）数据

大数据时代市场营销管理创新途径研究 / 张静著
.-- 北京：中国纺织出版社有限公司，2023.4
ISBN 978-7-5229-0546-4

Ⅰ.①大… Ⅱ.①张… Ⅲ.①市场营销学—研究
Ⅳ.① F713.50

中国国家版本馆 CIP 数据核字（2023）第 073018 号

责任编辑：张 宏 责任校对：高 涵 责任印制：储志伟

中国纺织出版社有限公司出版发行
地址：北京市朝阳区百子湾东里 A407 号楼 邮政编码：100124
销售电话：010—67004422 传真：010—87155801
http://www.c-textilep.com
中国纺织出版社天猫旗舰店
官方微博 http://weibo.com/2119887771
天津千鹤文化传播有限公司印刷 各地新华书店经销
2023 年 4 月第 1 版第 1 次印刷
开本：787×1092 1/16 印张：10.75
字数：190 千字 定价：98.00 元

凡购本书，如有缺页、倒页、脱页、由本社图书营销中心调换

随着我国市场经济的不断发展，市场营销在企业经营中的重要性日益凸显，它已经逐渐成为企业经营决策的出发点和归宿。市场营销学是专门研究企业营销活动方法、技巧及发展规律的一门应用型科学，它是在经济学、管理学、社会学、行为学、心理学等多门学科的基础上建立起来的理论体系，被应用到社会经济生活的各个方面。市场营销学不仅是指导企业经营决策的重要依据，而且是许多非营利组织甚至是政府决策的重要理论参照。

成功的营销创新是为了更大程度地满足消费者的需要。在经济活动中如果没有形成市场引导，想要进行持续的创新是不可能的。营销创新不仅是职能性的工作，也可以使消费者对产品感到满足。营销创新依赖具有交叉功能的有效团队，这种团队将为消费者创造价值作为工作目的，其创新过程也是与合作伙伴共同交流的过程。

本书由六章组成。第一章为营销管理概述，第二章为市场营销与环境营销，第三章为大数据时代，第四章为基于经济全球化背景下我国企业市场营销的理念，第五章为大数据背景下营销创新模式分析，第六章为基于人工智能的大数据挖掘。

本书在编写过程中，搜集、查阅和整理了大量文献资料，但由于笔者能力有限，编写时间较为仓促，书中可能会存在疏漏之处，还请广大读者给予理解和不吝指教。

张　静
2022 年 10 月

目录
CONTENTS

第一章

营销管理概述

第一节 市场营销的创立理念与原则

市场营销，又称为市场学、市场行销或行销学，MBA、EMBA等经典商管课程均将市场营销作为对管理者进行管理和教育的重要模块包含在内。市场营销是在创造、沟通、传播和交换产品中，为顾客、客户、合作伙伴以及整个社会带来有价值的活动、过程和体系，主要是指营销人员针对市场开展经营活动、销售行为的过程。

一、市场营销的创新理念

市场营销观念的演变与发展，可归纳为五种，即生产观念、产品观念、市场营销观念、客户观念和社会市场营销观念。

（一）生产观念

生产观念是指导销售者行为最古老的观念之一。这种观念于20世纪20年代前产生。企业经营哲学不是从消费者需求出发，而是从企业生产出发。其主要表现是"我生产什么，就卖什么"。生产观念认为，消费者喜欢那些可以随处买得到且价格低廉的产品，企业应致力于提高生产效率和分销效率，扩大生产，降低成本以扩展市场。例如，烽火猎头专家认为美国皮尔斯堡面粉公司，在1869年至20世纪20年代期间，一直运用生产观念指导企业的经营，当时这家公司提出的口号是"本公司旨在制造面粉"。

美国汽车大王亨利·福特曾傲慢地宣称："不管顾客需要什么颜色的汽车，我只有一

种黑色的。"显然，生产观念是一种重生产、轻市场营销的商业哲学。生产观念是在卖方市场条件下产生的。在资本主义工业化初期以及第二次世界大战末期和战后的一段时期内，由于物资短缺，市场产品供不应求，生产观念在企业经营管理中颇为流行。中国在计划经济旧体制下，由于市场产品短缺，企业不愁其产品没有销路，工商企业在其经营管理中也奉行生产观念，具体表现为：工业企业集中力量发展生产，轻视市场营销，实行以产定销；商业企业集中力量抓货源，工业生产什么就收购什么，工业生产多少就收购多少，也不重视市场营销。

生产观念是一种"我们生产什么，消费者就消费什么"的观念。因此，除了物资短缺，产品供不应求的情况，有些企业在产品成本高的条件下，其市场营销管理也受产品观念支配。例如，亨利·福特在20世纪初期曾倾尽全力于汽车的大规模生产，努力降低成本，使消费者购买得起，借以提高福特汽车的市场占有率。

生产观念不足的表现：其一，忽视产品的质量、品种与推销；其二，不考虑消费者的需求；其三，忽视产品包装和品牌。

（二）产品观念

它也是一种较早的企业经营观念。产品观念认为，消费者最喜欢高质量、多功能和具有某种特色的产品，企业应致力于生产高值产品，并不断加以改进。它产生于市场产品供不应求的"卖方市场"形势下。最容易滋生产品观念的场合，莫过于当企业发明一项新产品时。此时，企业最容易出现"市场营销近视"，即把注意力放在产品上，而不是放在市场需要上，在市场营销管理中缺乏远见，只看到自己的产品质量好，看不到市场需求在变化，致使企业经营陷入困境。

例如，美国一家钟表公司自1869年创立到20世纪50年代，一直被公认为是美国最好的钟表制造商之一。该公司在市场营销管理中强调生产优质产品，并通过由著名珠宝商店、大百货公司等构成的市场营销网络分销产品。在1958年之前，公司销售额始终呈上升趋势。但此后其销售额和市场占有率开始下降。造成这种状况的主要原因是市场形势发生了变化：这一时期的许多消费者对名贵手表已经不感兴趣，而趋于购买那些经济、方便且新颖的手表；而且，许多制造商为了迎合消费者需要，已经开始生产低档产品，并通过廉价商店、超级市场等大众分销渠道积极推销，从而夺走了这家钟表公司的大部分市场份额。而这家钟表公司竟没有注意到市场形势的变化，依然迷恋于生产精美的传统样式手表，仍旧借助传统渠道销售，认为自己的产品质量好，顾客必然会找上门。结果，致使企业经营遭受重大挫折。

产品观念的不足：其一，市场营销近视症，即过分重视产品本身而不重视市场需求的变化；其二，忽视市场宣传。

（三）市场营销观念

市场营销观念是作为对上述诸观念的挑战而出现的一种新型的企业经营哲学。这种观念是以满足顾客需求为出发点的，即"顾客需要什么，就生产什么"。尽管这种思想由来已久，但其核心原则直到20世纪50年代中期才基本定型，当时社会生产力迅速发展，市场趋势表现为供过于求的买方市场，同时广大居民个人收入迅速提高，有可能对产品进行选择，企业之间为增强产品的竞争力，许多企业开始认识到，必须转变经营观念，才能求得生存和发展。

市场营销观念认为，实现企业各项目标的关键，在于正确确定目标市场的需要和欲望，并且比竞争者更有效地传送目标市场所期望的物品或服务，进而比竞争者更有效地满足目标市场的需要和欲望。市场营销观念的出现，使企业经营观念发生了根本性变化，也使市场营销学发生了一次革命。市场营销观念同推销观念相比具有巨大的差别。

西奥多·莱维特曾对推销观念和市场营销观念做过深刻的比较，指出推销观念注重卖方需要；市场营销观念则注重买方需要。推销观念以卖主需要为出发点，考虑如何把产品变成现金；而市场营销观念则考虑如何通过制造、传送产品以及与最终消费产品有关的所有事物，来满足顾客的需要。可见，市场营销观念的四个支柱是：市场中心、顾客导向、协调的市场营销和利润。推销观念的四个支柱是：工厂、产品导向、推销、赢利。从本质上说，市场营销观念是一种以顾客需要和欲望为导向的哲学，是消费者主权论在企业市场营销管理中的体现。

（四）客户观念

随着现代营销战略由产品导向转变为客户导向，客户需求及其满意度逐渐成为营销战略成功的关键。各个行业都试图通过卓有成效的方式，及时准确地了解和满足客户需求，进而实现企业目标。

实践证明，不同子市场的客户存在着不同的需求，甚至同属一个子市场的客户的个别需求也会经常变化。为了适应不断变化的市场需求，企业的营销战略必须进行及时调整。在此营销背景下，越来越多的企业开始由奉行市场营销观念转变为客户观念或顾客观念。所谓客户观念，是指企业注重收集每一个客户以往的交易信息、人口统计信息、心理活动信息、媒体习惯信息以及分销偏好信息等，由此确认不同客户的终生价值，分别为每个客

户提供各自不同的产品或服务，传播不同的信息，通过提高客户忠诚度，增加每一个客户的购买量，从而确保企业的利润增长。但市场营销观念与之不同，它增强的是满足一个子市场的需求，而客户观念则强调满足每一个客户的特殊需求。需要注意的是，客户观念并不是适用于所有企业。一对一营销需要以工厂定制化、运营计算机化、沟通网络化为前提条件，因此，贯彻客户观念要求企业在信息收集、数据库建设、计算机软件和硬件购置等方面进行大量投资，而这并不是每一个企业都能够做到的。有些企业即使舍得花钱，也难免会出现投资大于回报导致收益减少的局面。

客户观念最适用于那些善于收集单个客户信息的企业，这些企业所营销的产品能够借助客户数据库的运用实现交叉销售，或产品需要周期性地重购或升级，或产品价值很高。客户观念往往会给这类企业带来异乎寻常的效益。

（五）社会市场营销观念

社会市场营销观念是对市场营销观念的修改和补充。它产生于20世纪70年代西方资本主义出现能源短缺、通货膨胀、失业增加、环境污染严重、消费者保护运动盛行的新形势下。因为市场营销观念回避了消费者需要、消费者利益和长期社会福利之间隐含着现实的冲突。社会市场营销观念认为，企业的任务是确定各个目标市场的需要、欲望和利益，并以保护或提高消费者和社会福利的方式，比竞争者更有效、更有利地向目标市场提供能够满足其需要、欲望和利益的物品或服务。社会市场营销观念要求市场营销者在制定市场营销政策时，要统筹兼顾三方面的利益，即企业利润、消费者需要的满足和社会利益。

上述五种企业经营观，其产生和存在都有其历史背景和必然性，都是与一定的条件相联系、相适应的。当前，外国企业正在从生产型向经营型或经营服务型转变，企业为了求得生存和发展，必须树立具有现代意识的市场营销观念、社会市场营销观念。但是，必须指出的是，由于诸多因素的制约，当今美国企业并非都树立了市场营销观念和社会市场营销观念。事实上，还有许多企业仍然以产品观念及推销观念为导向。中国仍处于社会主义市场经济初级阶段，由于社会生产力发展程度及市场发展趋势，经济体制改革的状况及广大居民收人状况等因素的制约，中国企业经营观念仍处于以推销观念为主、多种观念并存的阶段。

（六）大营销观念

20世纪80年代中期提出大营销观念。20世纪70年代末，资本主义经济不景气和持续

"滞涨"导致西方国家纷纷采取贸易保护主义措施。在贸易保护主义思潮日益增长的条件下，从事国际营销的企业为了成功进入特定市场从事经营活动，除了运用好产品、价格、渠道、促销等传统的营销策略，还必须依靠权利和公共关系来突破进入市场的障碍。大市场营销观念对于从事国际营销的企业具有现实意义，重视和恰当地运用这一观念有益于企业突破贸易保护障碍，占据市场。

二、市场营销的方法

（一）整合营销传播

整合营销传播是指将一个企业的各种传播方式加以综合集成，其中包括一般的广告、与客户的直接沟通、促销、公关等，对分散的传播信息进行无缝接合，从而使得企业及其产品和服务的总体传播效果达到明确、连续、一致和提升。

（二）数据库营销

数据库营销是以特定的方式在网络上（资料库或社区）或是实体收集消费者的消费行为资讯、厂商的销售资讯，并将这些资讯以固定格式累积在数据库中，在适当的行销时机，以此数据库进行统计分析的行销行为。

（三）网络营销

网络营销是企业整体营销战略的一个组成部分，是为实现企业总体经营目标所进行的，以互联网为基本手段营造网上经营环境的各种活动。网络营销的职能包括网站推广、网络品牌、信息发布、在线调研、顾客关系、顾客服务、销售渠道、销售促进八个方面。

（四）直复营销

直复营销是在没有中间行销商的情况下，利用消费者直接通路来接触及传送货品和服务给客户。其最大特色为"直接与消费者沟通或不经过分销商而进行的销售活动"，乃是利用一种或多种媒体，理论上可到达任何目标对象所在区域，包括地区上的以及定位上的区隔，且是一种可以衡量回应或交易结果的行销模式。

（五）关系营销

关系营销是指在很多情况下，公司并不能寻求即时的交易，所以他们会与长期供应商

建立顾客关系。公司想要展现给顾客的是卓越的服务能力，顾客多是大型且全球性的。他们偏好可以提供不同地区配套产品或服务的供应商，且可以快速解决各地的问题。当顾客关系管理计划被执行时，组织就必须同时注重顾客和产品管理；同时，公司必须明白，虽然关系营销很重要，但并不是在任何情况下都会有效的。因此，公司必须评估哪一个部门与哪一种特定的顾客采用关系营销最有利。

（六）绿色营销

绿色营销是指企业为了迎合消费者绿色消费的消费习惯，将绿色环保主义作为企业产品的价值观导向，以绿色文化为其生产理念，力求满足消费者对绿色产品的需求所做的营销活动。

（七）社会营销

社会营销是基于人具有"经济人"和"社会人"的双重特性，运用类似商业上的营销手段达到社会公益的目的；或者运用社会公益价值推广其商品或商业服务的一种手段。与一般营销一样，社会营销的目的也是有意识地改变目标人群（消费者）行为。但是，与一般商业营销模式不同的是，社会营销中所追求的行为改变动力更多来自非商业动力，或者将非商业行为模拟商业性卖点。

（八）病毒营销

病毒营销是一种信息传递策略，通过公众将信息廉价复制，告诉其他受众，从而迅速扩大自己的影响。和传统营销相比，受众自愿接受的特点使成本更少，收益更多更加明显。

（九）危机营销

1.适当延长产品经营线

经销商在代理经营制造商的产品时，在尽可能的情况下，适当延长自己的产品经营线，以分化因制造商的危机而带来的风险。以某区域的经销商为例，其经营的产品线过于单一，主打产品就是乐百氏和汇源系列，结果在此次风波中，损失很大，虽然也采取了一些补救措施，但对其所造成的影响，在一定的时期内却是灾难性的。

2.加大对终端网络的建设和维护力度

对一个成功的经销商来讲，产品多样化经营是必要的，但主要依靠终端网络来生存而不是某一两个产品。只有这样，才能在发生危机时，快速调整经营的产品及策略，充分利用自己所掌控的终端网络，以降低风险性。

3.加强与制造商的合作

一般情况下，企业承受风险的能力要远远大于经销商。当制造商危机来临的时候，经销商应该观察一段时间，不要立即把货退回去给制造商，那种非常冲动的经销商，当企业危机过去的时候，他自己的损失是最大的，企业也不会再和这样的经销商合作，这一般都是些没有实力和眼光的经销商的表现。特别是对于一些知名的企业，只要厂家向经销商传达的信息是积极主动的，经销商就应该很好地配合厂家。只要厂家遵守承诺，该退货的退货，该赔偿的赔偿，聪明的经销商此时应该和厂家同舟共济，共同面对当前的不利局面。毕竟"锦上添花"的事并没什么值得称道的，而"雪中送炭"才会令人记忆深刻。这样经销商不仅可以减少风险，而且在制造商的危机过去以后，还可以和企业确立更为密切的合作关系，相信在厂家的销售政策、促销力度等方面，也会取得更为丰厚的回报。

4.提高自身的经营能力

在现代商业经营中，机遇和风险是并存的。要想成为一个优秀的经销商，就应该学会未雨绸缪，要时刻树立危机意识，时时关心厂家、产品和市场的动态，合理把握自身资金流、库存、网络、配送的关系，强化内部管理，吸收先进经验。同时注意行业信息的收集，为危机做好规划，知道自己准备好之后的力量，才能与市场周旋。这样才能善于抓住机遇，避免危机和风险。成功的经销商各有各的特色，失败的经销商却有很多相似之处，关键在于对危机的判断和反应能力。只有学会正确处理危机，在危机降临时，才能化危为机，在现代商业战场上，取得胜利。

三、市场营销的原则

（一）诚实守信原则

诚实守信是道德要求的最基础部分，它是企业经商道德的最重要的品德标准，是其他标准的基础。在我国传统经商实践中，它被奉为至上的律条。

（二）义利兼顾原则

义利兼顾是指企业获利，要同时考虑是否符合消费者的利益，是否符合社会整体和长远的利益。利是目标，义是要遵守达到这一目标的合理规则。二者应该同时加以重视，达到兼顾的目标。义利兼顾的思想是处理好利己和利他的关系的基本原则。

（三）互惠互利原则

市场营销互惠互利是进一步针对企业营销活动的性质，提出的交易中的基本信条。互惠互利原则要求在市场营销行为中，正确地分析、评价自身的利益，评价利益相关者的利益，对自己有利而对利益相关者不利的活动，由于不能得到对方的响应，而无法进行下去。而对他人有利，对自己无利的，又使经济活动成为无源之水、无本之木。

（四）理性和谐原则

理性和谐的原则是企业道德活动达到的理想目标模式。在市场营销中，理性就是运用知识手段，科学分析市场环境，准确预测未来市场发展变化状况，不好大喜功，单纯追求市场占有率，而损失利润；也不能像有些企业一样，不综合考量自身的生产条件，只为"标王"而付出高昂的代价，最终只能自食恶果。

第二节　理解营销管理

市场营销管理是指为创造达到个人和机构目标的交换，而规划和实施理念、产品和服务的构思、定价、分销和促销的过程。市场营销管理是一个过程，包括分析、规划、执行和控制。其管理的对象包含理念、产品和服务。市场营销管理的基础是交换，目的是满足各方需要。市场营销管理的主要任务是刺激消费者对产品的需求，但不能局限于此。它还帮助公司在实现其营销目标的过程中，影响需求水平、需求时间和需求构成。因此，市场营销管理的任务是刺激、创造、适应及影响消费者的需求。在此意义上说，市场营销管理的本质是需求管理。

一、营销管理的类型

任何市场均可能存在不同的需求状况，市场营销管理的任务是通过不同的市场营销策略来解决不同的需求状况。

（一）负需求

负需求是指市场上众多顾客不喜欢某种产品或服务，许多老年人为预防各种老年疾病不敢吃甜点心和肥肉。又如，有些顾客害怕冒险而不敢乘飞机，或害怕化纤纺织品有毒物质损害身体而不敢购买化纤服装。市场营销管理的任务是分析人们为什么不喜欢这些产品，并针对目标顾客的需求重新设计产品、定价，做更积极的促销，或改变顾客对某些产品或服务的信念，诸如宣传老年人适当吃甜食可促进脑血液循环，乘坐飞机出事的概率比较小等。把负需求变为正需求，称为改变市场营销。

（二）无需求

无需求是指目标市场顾客对某种产品毫无兴趣或漠不关心，如许多非洲国家居民从不穿鞋子，对鞋子无需求。通常情况下，市场对下列产品无需求。

①人们一般认为无价值的废旧物资。

②人们一般认为有价值，但在特定环境下无价值的东西。

③新产品或消费者平时不熟悉的物品等。

市场营销者的任务是刺激市场营销，即创造需求，通过有效的促销手段，把产品利益同人们的自然需求及兴趣结合起来。

（三）潜伏需求

潜伏需求是指现有的产品或服务不能满足许多消费者的强烈需求。例如，老年人需要高植物蛋白、低胆固醇的保健食品，美观大方的服饰，安全、舒适、服务周到的交通工具等，但许多企业尚未重视老年市场的需求。潜伏需求和潜在需求不同，潜在需求是指消费者对某些产品或服务有消费需求而无购买力，或有购买力但并不急于购买的需求状况。企业市场营销的任务是准确地衡量潜在市场需求，开发有效的产品和服务，即开发市场营销。

（四）下降需求

下降需求是指目标市场顾客对某些产品或服务的需求出现了下降趋势，如城市居民对电风扇的需求渐趋饱和。市场营销者要了解顾客需求下降的原因，或通过改变产品的特色，采用更有效的沟通方法再刺激需求，即创造性地再营销，或通过寻求新的目标市场，以扭转需求下降的结果。

（五）不规则需求

不规则需求是指许多企业常面临因季、月、周、日、时对产品或服务需求的变化，而造成生产能力和商品的闲置或过度使用。如在公用交通工具方面，在运输高峰时不够用，在非高峰时则闲置不用。又如在旅游旺季时旅馆紧张和短缺，在旅游淡季时，旅馆空闲。再如节假日或周末时，商店拥挤，在平时商店顾客稀少。市场营销的任务是通过灵活的定价、促销及其他激励因素来改变需求时间模式，这称为同步营销。

（六）充分需求

充分需求是指某种产品或服务现今的需求水平和时间等于期望的需求，但消费者需求会不断变化，竞争日益加剧。因此，企业营销的任务是改进产品质量及不断评估消费者的满足程度，维持现时需求，这称为"维持营销"。

（七）过度需求

过度需求是指市场上顾客对某些产品的需求超过了企业供应能力，产品供不应求。比如，由于人口过多或物资短缺，引起交通、能源及住房等产品供不应求。企业营销管理的任务是减缓营销，可以通过提高价格、减少促销和服务等方式使需求减少。企业最好选择那些利润较少、要求提供服务不多的目标顾客作为减缓营销的对象。减缓营销的目的不是破坏需求，而只是暂缓需求水平。

（八）有害需求

有害需求是指对消费者身心健康有害的产品或服务，诸如，烟、酒、毒品、黄色书刊等。企业营销管理的任务是通过提价、传播恐怖及减少可购买的机会或通过立法禁止销售，称之为反市场营销。反市场营销的目的是采取相应措施消灭某些有害的需求。

二、营销管理的管理原则

（一）控制过程比控制结果更重要

经常听到某些营销经理对业务员说："不管你是怎么卖的，只要你能卖出去就行，公司要的是销售额。"这是典型"结果导向"的营销管理，在目前的市场营销环境中，上述

观念不仅没道理，而且已失去了市场。如果哪个营销经理对业务员是如此要求的话，他最终肯定得不到市场，也得不到他所希望的销售额。这是一种典型的只管结果不管过程的营销管理观念。

现代营销观念认为：营销管理重在过程，控制了过程就控制了结果。结果只能由过程产生，什么样的过程产生什么样的结果。现代营销管理中最可怕的现象是"暗箱操作"和"过程管理不透明"，并因此而导致过程管理失控，过程管理失控最终必然表现为结果失控。企业采取"结果导向"还是"过程导向"的营销管理，在很大程度上决定了营销管理最终的成败。我们并不完全反对依靠结果进行营销管理，通过对营销结果的分析，同样能够发现并采取有效的措施进行控制。但实际上，"结果导向"的控制只能起到"亡羊补牢"的效果，因为结果具有滞后性，企业今年的销售情况好，可能是去年营销努力的结果，而今年的营销努力可能经过很长的时间才能体现出来。在现代企业营销决策中，必须根据最新的市场信息进行决策。如果单纯根据具有时间滞后效应的"营销结果"进行营销决策和营销管理，显然是不行的。

对营销人员的过程管理，最基本的要求是控制到"每个营销人员每天的每件事"。将营销人员的过程管理发挥到极致的企业是海尔集团，他们对营销人员的控制称为"三E管理"，即管理到每个营销人员（Everyone）每天（Everyday）的每一件事（Everything）。海尔集团下属的某公司，虽然仅有40多名驻外营销人员，但其总部的营销管理人员却多达四名，这四名营销管理人员的任务就是对营销人员的全部营销过程进行控制。每天早晨8点，总部的管理人员都要打电话对大多数营销人员进行检查，看他们是否准时到达指定客户（或工作地点）开展营销工作；每天傍晚5～6点，营销人员都要准时与总部管理人员联系，汇报当日工作，包括到什么地方，拜访什么客户，商谈什么问题，解决了什么问题，还存在什么问题，需要公司提供何种帮助，客户的姓名、地址、电话等以及明天的工作计划。总部管理人员将汇报的所有信息记录在公司的"日清单"上。公司总部将根据汇报的信息，定期或不定期进行抽查，调查汇报信息的真实性。营销人员每天也要填写"日清单"（相当于行销日记）。营销人员回公司报销、述职时，管理人员要对照"日清单"核定票据的真实性，然后才予以报销。

海尔公司对营销人员进行全过程管理的"三E管理"，起到了下列五大作用。

①它使所有营销人员的工作都处于受控状态，使很多企业管理人员常常感叹的营销人员"将在外，君命有所不受"的状态彻底改观。

②人都是有惰性的，有些营销人员取得一点小小的成绩后，业绩难以再提高，往往是惰性使然，由于采取"三E管理"，营销人员时时感受到工作的压力，这种压力可以变为

动力，可以克服惰性，当然也有助于营销人员提高销售业绩。

③ "三E管理" 通过营销人员记 "日清单"，不断反省自己，总结经验教训，从而使营销人员的工作能力大大提高，每天都有进步。

④通过 "三E管理"，总部掌握了营销人员的销售进展情况，使公司能够在营销人员最需要的时候向他们提供最及时的销售支持。

⑤公司通过分析 "日清单"，能够掌握市场总体状况，及时调整营销政策和营销思路。

对经销商的过程管理，其基本要求是管理到 "每件产品以什么价格流向哪个市场"。对经销商的过程管理，难度要比对营销人员的过程管理大得多。因为营销人员属于 "内部人"，是 "可控因素"，而经销商属于 "外部人"，是 "不可控因素"。正是因为对经销商的管理不好管，很多经销商不服管，对很多有实力、有谈判地位的经销商不敢管，才导致众多企业对经销商管理失控，并最终表现为市场失控。对经销商的过程管理，亟须解决的有两个问题：一是敢不敢管的问题；二是管理手段和管理工具问题。对经销商不敢管是营销管理中普遍存在的一种现象，特别是那些实力强大的经销商，更是不敢管不敢问，害怕关系弄僵影响销售。实际上，对经销商越是不敢管，经销商的经营能力就越差，对企业的危害就越大。

（二）该说的要说到，说到的要做到，做到的要见到

"该说的要说到，说到的要做到，做到的要见到"，这是ISO 9000质量保证体系的精髓，这三句话同样可以有效用于营销管理，而且应该成为营销管理的精髓。

"该说的要说到"，它的基本含义是指营销管理必须制度化、规范化、程序化，对营销管理的对象、管理内容、管理程序都必须以文件和制度的形式予以规范，避免营销管理过程出现随意性，实行 "法治" 而不是 "人治"。在营销管理中必须树立 "法" 的权威性而不是 "人" 的权威性，营销管理的 "法" 就是营销管理制度。因此，成功的营销管理首要任务是建立营销管理制度，依法管理，依制度管理。想到哪儿就管到哪儿，想怎么管就怎么管，这是营销管理之大忌，也是目前普遍存在的营销管理现象，根治这一管理弊端最有效的措施就是坚定不移地贯彻 "该说的要说到" 这一营销管理的基本理念。

"说到的要做到" 这句话的含义要容易理解得多，但执行的难度也大得多。"说到的要做到" 是指凡是制度化的内容，都必须不折不扣地执行。企业管理最可怕的不是没有制度，而是制度没有权威性。有制度而不能有效执行或有制度不执行，比没有制度对企业管理的危害更大。

"做到的要见到"是营销管理中普遍存在的盲区,它的含义是指凡是已经发生的营销行为都必须留下记录,没有记录就等于没有发生。营销人员每天的工作要通过《行销日记》留下记录。理货员的理货工作要通过"理货记录"留下记载,与客户的交易要通过"客户交易卡"留下记录,营销人员发生的营销费用要通过"费用控制卡"留下记录,对客户的考察要通过"客户信用评估卡"留下记录,对市场的考察要通过《市场考察报告》留下记录,营销人员每月(季、年)的工作要通过月(季、年)度业绩报告留下记录,客户(营销人员)的来电要通过"电话记录卡"留下记录,现场促销要通过《促销报告》留下记录。

"没有记录就没有发生"是营销管理的一个重要理念,它对营销管理有三大作用:一是建立了责任(业绩)追踪制度,当每件事都留下记录时,就很容易对事件的责任进行追诉;二是使营销过程透明化,能够有效避免营销过程中的"暗箱操作"现象和营销人员工作中不负责任的现象;三是营销人员可以通过营销记录进行总结提高。

(三)预防性的事前管理重于问题性的事后管理

营销管理人员通常有两种典型的管理方式,一种人习惯于"问题管理",另一种人习惯于"预防管理"。习惯于"问题管理"的管理者,他们的管理特点是哪里发生问题,就到哪里解决问题,"问题管理"属于事后纠错式的管理,这种管理只能解决已经发生的问题,而不能预防问题的发生。习惯于"预防性管理"的管理者,他们的管理特点是在问题发生之前就已经预料到问题可能会发生,并采取相应的措施预防问题的发生。

一个企业的营销管理,不可能没有事后的"问题管理",但问题管理太多,只能说明管理的失败。一个习惯于"问题管理"的管理人员,不管他解决问题的能力有多强,不管他曾经解决的问题难度有多大,不管他曾经做出过多么轰轰烈烈的事,这样的管理者总是很难成为最优秀的营销管理人员。最优秀的管理者总是根据他们的远见和洞察力以及调研能力,把问题消灭在萌芽之前。习惯于"预防性管理"的营销管理者,可能并没有习惯于问题性管理者那样津津乐道的故事,他们的管理经历由于预防了问题的发生而显得平平淡淡。

凡事预则立,不预则废。凡是没有做好预防性营销管理的企业,必然会由于问题成堆而不得不花大量的时间去解决问题,这又使他们缺乏时间和精力去预防问题,从而形成恶性循环。要做营销管理的预防性工作,就必须加强调研,通过调研发现问题的苗头,发现问题的规律,发现可能发生的问题。一个成天坐在办公室里的营销管理人员是很难做好预防管理工作的,每个营销管理人员必须明白:他的工作场所在销售一线,只有深入一线才

能发现真正的问题，才能提前发现问题。在生产领域，最优秀的生产管理人员最有效的管理方式是"走动管理"。在营销管理领域，最优秀的营销管理人员最有效的管理方式还是"走动管理"，即要经常到市场上去走一走，去发现问题，现场解决问题。

普遍的管理者，解决问题后就完了；而优秀的管理者还得思考问题的性质，是例外问题还是例常问题。例外问题是偶然发生的问题，而例常问题是重复发生的问题。优秀的管理者解决例常问题后，需要建立一种规则、一种政策、一种原则，以后再发生类似的问题，根据原则处理就行了。

（四）营销管理的最高境界是标准化

长期以来，我们更多地把营销当作一种艺术，经验、悟性、灵感和个人的随机应变占据更重要的地位。因此，大多数企业的销售可以称为"精英销售"或"英雄主义的销售"。那些企业拥有了几个优秀的营销人员，靠这些优秀营销人员个人的杰出能力，就能为企业在市场上打出一片天下。营销经理们总是千方百计从各种渠道挖掘优秀的营销人才。遗憾的是，"营销精英"们的跳槽频率极高（他们总是竞争对手挖墙脚的对象），管理起来难度也极大。他们既能为企业开发市场，也最容易毁掉企业的市场，甚至将客户带往竞争对手那里。"精英销售"体制还给企业带来一个问题：当企业没有找到或没有培养出销售精英时，企业只有通过那些普通的营销人员反复"花钱买教训"和"交学费"来获得提高。这是代价和风险极高的营销体制。

观察世界优秀企业的营销管理，发现他们有一个重要的管理理念：让平凡的人做出不平凡的业绩。优秀企业更重视企业的整体营销能力而不是个人的推销能力。如何才能让平凡的人做出不平凡的业绩?最好的方法就是标准化。国外优秀企业不仅能够把生产过程标准化（如麦当劳仅标准化操作手册就有几百本），而且尽可能地将营销过程标准化，如可口可乐公司不仅将产品在超市的陈列方式标准化，而且对营销人员巡视市场时是顺时针方向走还是逆时针方向走都有明确规定。优秀企业都有自己的标准化营销手册，营销人员人手一册。有些企业更深入一层，甚至将经销商的销售过程规范化，如松下公司仅客户销售手册就有几十本，营销人员经常性地对经销商进行标准化操作与管理培训，从而保证每个经销商都能规范运作。

标准化的营销程序与标准化的营销管理，通常是在对营销各方面深入细致研究的基础上，借鉴优秀企业和优秀营销人员的"经验"与"教训"而制定的，它的最大优点就是不仅能避免营销人员反复"交学费"，还能避免由于营销人员个人经验、能力、悟性等不足而给企业造成损失。一个平凡的营销人员，只要按照标准化的营销程序从事营销工作，就

可以尽可能地避免失误，并取得超乎个人能力的业绩。

优秀企业都有这样的特点：靠科学、标准化的营销建立企业强大的营销能力，而不是靠一两个能干的营销人员。那些在科学、标准化的营销体制之下业绩出众的普通营销人员，一旦离开该企业强大的营销能力的支撑，业绩将会大滑坡。因此，在标准化的营销管理体系之下，营销人员的离职率相对较低，离职后对企业的损失也相对较小。

第三节　企业对待市场导向的创新思想

随着经济活动尤其是市场经济日趋成熟，营销作为实践指导性很强的理论，发生了较为深刻的变化；同时，理论的变化，对企业经营理念、管理模式、市场规则等也带来了深远的影响。营销要以市场为导向、以需求为中心，这种观念的确立，是建立在市场竞争比较充分，买方市场倾向，产品无差异化日趋严重的现实基础上。以市场为导向，就是要充分尊重市场规律，承认市场的作用和能量，把握市场趋势，以市场接受的方式引领、调整包括营销在内的各种企业行为。

一、以市场为导向而非以产品为导向

以产品为导向的理念曾在很长时期内被广泛接受，甚至现在仍有企业把它作为营销指引。以产品为导向的核心思想认为只要生产（或销售）出质量更好的商品，就一定会吸引更多消费者购买，稳固并扩大市场份额。这是一种主观意识下的观点，实质是忽视买方和竞争对手的能量，强迫市场被动接受卖方的改变。显然，在卖方市场或垄断行业中，企业以提高产品内涵谋取高额利润是非常正常也是最简单高效的行为选择。但严格地讲，产品导向型营销并不是真正意义的市场营销，因为这种营销没有真正在市场中进行，是脱离市场、否认市场的行为。在纷繁复杂，参与要素众多的现实市场条件下，必须充分换位思考，与各参与方实时互动，准确把握市场脉搏和发展趋势，才能真正找到企业的市场定位，发掘到含金量最高的市场金矿。

营销是不同于销售并高于销售的独立环节。以市场为导向的营销，需要企业将营销环

节前置，营销先行，用营销统领整个运营过程。在组织生产和销售之前，就要进行市场调查，确定全盘运营规划。要不断改进市场调查方法和分析手段，始终致力于掌握更真实的市场需求和研判出更准确的市场趋向。要根据市场需求，并适度前瞻性地设计产品和销售方案。要把市调、生产、销售、售后有机整合，形成相互促进、循环上升的体系。

"没有疲软的市场，只有疲软的产品。"一种产品活力的丧失，最主要的原因是其背离了市场需求。因此，要想保证企业的永续发展，需要在运营中紧盯市场，不断根据市场变化调整产品内容。一个公认的事实是，在市场竞争中，能够彻底打击对手脱颖而出的方法是提供差异化很强、对手无法快速跟进模仿的产品或服务。但是差异化也是一把双刃剑，存在被市场接受和与市场背离的两种情况。打造市场接受的差异化，就需要从市场自身需求出发，根据市场取向而变化。不断地拉近与市场需求的距离，就是最有效地拉大与对手的差异化距离。

二、以市场为导向而非以客户为导向

关于营销，有一种理解是以市场为导向就是以客户为导向，要以客户为中心开展营销。考察这种观点，首先要对客户的定义进行明确，客户是指特定的消费群体还是全部的消费群体。如果仅是为特定的消费群体提供产品和服务，企业面临的是巨大的机会成本和自主性的丧失。市场和需求是不断变化的，相应地，消费者的水平和结构也是不断变化的，当特定消费群体势力变小甚至消失，企业的利润空间也就会随之减少甚或难以为继。市场是由全体参与要素共同构成的，不只包括消费者，还有政府、竞争者、上下游行业、宏观经济等影响因素。只以消费者或特定消费者为导向，是片面的、不客观的。要从多角度进行营销考核和策划，坚持用发展的眼光寻找未来的市场定位。特定的产品针对特定的用户，这是正确的而且是必须明确坚持的，但是营销不同于单一的产品，营销是动态的过程，其成功关键在于随需而变的调整。

三、以市场为导向对企业发展战略的意义

以市场为导向还可以用来引申理解企业的组织行为。营销不是只针对特定客户，企业也不一定只生存于特定市场。企业的实质是人和资本结合而成的利益追逐体，其宗旨是追求利润最大化。资本天生就是贪婪的，要向高利润行业流动的。成功的企业经营者不应满足于仅拥有专属行业的从业经验，更重要的是对内不断加深对资本特性的认知，熟练掌握

驾驭资本的能力，对外不断加强分析判断市场的能力。在人与资本的组合中，要以人为主体，使资本为人服务，而不是人为资本服务。企业运作总是要经历从产品运营、资金运营到资本运营的不断进步。资本没有固定的姓氏，它不属于特定的行业，人也同样不属于固定的市场。

（一）市场导向的核心思想

市场导向作为现代企业营销管理的一个基本理念被许多企业所认同，是因为其核心思想具有先进性和时代性，能促进企业实现可持续发展。其主要思想理念如下。

1.树立顾客至上的理念

这是市场导向的首要因素，其基本思想是向顾客提供所需要的产品。也就是说，企业的整个市场营销活动，必须从明确顾客的需求开始，以满足顾客需求而告终。因此，它要求企业的经营活动要围绕着一个中心展开，那就是顾客满意。怎样让顾客满意?就是自觉地调整企业的经营理念，认真研究顾客的需求，并以适当的方法，在适合的时间和地点，提供需要的产品与服务。这是市场营销所应遵循的基本原则。

2.创建竞争优势

市场导向的第二个核心理念是创建竞争优势，与以往只注重销售额的理念不同，它更加强调企业必须具备取得长期的最大限度的利润的竞争能力。企业不能采用急功近利的做法，而应该坚持长期发展战略。在利润的取得方面，不拘泥于每次交易的利润大小，而是着眼于企业的长远发展，把争取顾客信任、扩大市场占有率作为最高目标，以期谋取稳定的利润来源。在生产导向和推销导向的影响下，衡量企业经济效益的一个唯一标准是利润；在市场导向指导下，衡量企业获得经济效益能力的标准主要是市场地位、市场占有率、投资收益率。以市场占有率为目标，虽然在短期内利润可能不高，但一旦在市场上居优势地位，企业可获得更高、更持久的回报。

3.实施整体营销策略

整体营销包括两个方面的要求：一方面，要求市场营销的多项活动密切配合。生产的发展、分配政策的选择、市场研究与预测、广告与销售等工作，都必须相互配合，成为一个整体，并在统一领导下进行工作。另一方面，整个市场营销活动必须与企业其他各个部门的活动协调一致。市场导向与生产导向比有一个重要变化：在生产导向下，企业的典型做法是各个部门都从本位出发，各行其是；在市场导向下，则认为企业各部门是互相依赖、互相促进的。例如，营销部门根据市场需求变化，要增加生产新产品，生产部门就要考虑现有生产、技术力量及设备能力，财务部门要考虑财务能力，做到与市场需求相适应。

（二）市场导向营销的发展

值得注意的是，市场导向也引起了学者的争议。他们认为，市场导向事实上包括满足顾客需求和谋取最大利润这两个对立的目标。企业要同时兼顾这两个目标，就不免经常处于矛盾中。有人认为，单纯的市场导向提高了人们对需求满足的期望和敏感，加剧了满足眼前消费需求与长远的社会福利之间的冲突，导致产品过早衰退，浪费了一部分物质资源。

基于上述情况，发达国家在20世纪70年代又提出了"社会营销"的理念。社会营销理念是对市场导向的重要补充和完善。它的基本内容是：企业提供产品，不仅要满足消费者的需要与欲望，而且要符合消费者和社会的长远利益，企业要关心与增进社会福利，将企业利润、消费需要和社会福利三个方面统一起来。

20世纪80年代初，一些学者又提出了市场营销的"生态"观念。所谓生态营销观，指的是企业如同有机体一样，要同它的生存环境相协调。由于科学技术的发展，专业化和分工更详细，企业与外界环境的相互依存、相互制约关系日益明显。企业要以有限的资源去满足消费者的无限需求，必须利用自己所擅长的，发挥优势，去生产既是消费者需要，又是自己所擅长的产品。

市场导向的内涵在不断地完善，这对于指导企业营销实践发挥了重要作用。但是，尽管如此，对于市场导向仍须辩证地看。首先，并非所有企业都必须绝对一律奉行市场导向。有的学者指出，在某些情况下，对于一些企业来说，取得成功的关键可能是依靠先进技术。因此，尽管市场导向极有价值，但在某些情况下，其他导向也许更为适宜。事实上，在市场经济发达的国家，实践市场导向的企业中，生产经营消费资料的企业多于生产经营产业用品的企业，大企业多于小企业，也就是说，并非所有企业都在一律地奉行这种市场导向。其次，市场导向与生产导向是不可偏废的。从理论上讲，为了更好地满足社会消费的需要，一方面要求生产紧随消费，另一方面有时也要求生产走在需求的前面。完全按照购买者的需要与欲望去组织生产，可能会抑制产品创新。发明家、科学家、工程师、大学教授给世界带来了电话、电灯、激光、静电印刷术、晶体管等，靠的是对科学知识的追求，而不是来自市场导向的启迪。这说明，盲目推举市场导向，既不符合实际情况，也有可能导致忽视科技进步、抑制产品创新、放松生产管理等严重后果。

市场导向型营销的实质是坚持不断创新，根据内外部环境变化调整营销理念和手段，增强企业的适应性和可塑性。营销无定式，只有在市场中审慎科学地摸索规律，伺机而动，才能使企业真正立于不败之地。

| 第四节　营销的观念创新与方法创新 |

创新，在一定意义上讲就是参照一定的对象进行有效差异化。营销创新就是差异化导向和差异化维度的选择。营销差异化导向有生产导向、消费者导向和竞争者导向。营销差异化维度有营销组织、营销制度、营销观念、市场、营销策略等维度。不同企业应根据实际情况具体选择不同的差异化导向和维度创新。

一、市场营销观念的创新

市场营销观念就是在市场上销售产品的思路与理念，它决定着企业市场营销的方向。与传统营销观念相比，现代营销观念的创新使企业所营销的产品在属性上发生了改变，具有了深层次的文化内涵。新营销观念主要体现如下。

（一）文化营销

文化营销是指把商品作为文化的载体，通过市场交换进入消费者的意识，它在一定程度上反映了消费者对物质和精神追求的各种文化要素，是企业有意识地通过发现、甄别、创造某些核心价值观念，对目标消费者加以因势利导，从而达到企业目标的一种营销理念。文化营销创新点在于将对文化差异和不同文化发展的关注注入营销全过程中，而消费者在消费过程中得到文化层面上的认可和尊重。

（二）知识营销

知识营销，即高度重视知识、信息和智力，凭知识和智力而不是凭经验在日益激烈的市场竞争中取胜。企业在营销过程中，其广告、宣传、公关、产品等都注入一定的知识含量与文化内涵，通过向消费者传播新产品所包含的科学技术、文化知识以及知识对人们生活的影响，提高他们的消费与生活质量，从而达到推广产品、树立形象、提升品牌力、激发消费者需求欲望的目的。知识营销创新点在于以知识的传播、运用、增值为流通商品或商品的一个组成部分。而消费者则得到更多的知识，能更有效地消费产品。

（三）绿色营销

绿色营销、现代企业管理、绿色管理体系、绿色营销策略、竞争力，这些概念逐渐进入人们的视野。企业形象随着消费者对于绿色消费的认可度的提高以及营销活动对环境影响的增大，绿色营销的概念逐渐形成并广泛传播应用。在现代企业管理中，绿色营销概念也得到了广泛的应用，许多现代管理企业将绿色营销概念融入管理理念中，创造一种绿色管理体制，从而促进公司的管理发展。但是，只有更深入地理解绿色营销以及绿色营销对企业管理的意义，才能够在正式的企业管理工作中更深入地运用绿色营销理念和方法，促进现代企业管理工作的发展。

1.绿色营销的含义

绿色营销是指企业在生产经营活动中注重生态保护，促进经济发展与环境保护的和谐共存，以满足消费者的绿色消费需求为中心和出发点，并将企业利益、消费者利益、环境利益共同结合起来，促进和谐共存发展的一种营销理念。绿色营销要求企业在各种活动中体现绿色思想，生产方式要符合环保标准、经营方式满足绿色要求、企业管理也应该高效、绿色。企业在生产、营销、管理等工作中都应该注重绿色营销理念的体现。在生产中节约生产原料，加强回收利用；在营销中满足消费者绿色消费需求，降低营销污染；在管理中建立绿色管理体系，采用绿色高效的管理办法，施行绿色节能、人性化的管理措施。

2.绿色营销的特点

绿色营销在现代企业中得到了广泛应用，这得益于绿色营销的特点，其特点符合当代消费对于绿色环保概念的要求，体现了可持续发展思想，并且，绿色营销概念与企业发展并不冲突，其特点符合企业经济发展需求。绿色营销主要有以下几个特点：

第一，兼顾性。兼顾性是说绿色营销能够做到将企业利益、消费者利益以及环境保护三种看似矛盾的因素结合起来，即指企业运用绿色营销理念和方法，能够更好地实现满足消费者需求、企业发展以及环境保护的目标，促进三者的协调发展，这是绿色营销得以发展应用的最主要原因之一。

第二，法律性。绿色营销方法近年来也已经有了更加具体的法律法规的约束，从法律角度保护消费者权益，企业有法可依，也能更好地进行管理体系的构建。

第三，相互性。绿色营销并不只针对企业本身，对于消费者也能产生影响，促进消费者自觉保护环境，提高环境保护意识；在企业管理方面，也能够促进员工自身的绿色环保思想的发展，更积极地配合企业管理工作，这种相互影响也能够促进相互进步，提升发展效率。

3.绿色营销在现代企业管理中的应用

①转变员工管理理念，建立绿色管理体系。绿色营销在现代企业管理中的应用首先就体现在对于管理理念的影响方面。在以前的传统管理理念中，许多管理者都忽视了员工的心理，只是一味采取看似高效的压榨型管理方式，但事实上这种管理方式不仅严重影响员工的心理发展，长此以往会严重影响企业管理效率，因此首先就应该转变管理理念。在绿色营销理念中，管理者与员工之间也应该建立更加和谐的管理方式，通过一些更加有效的方法促使员工的工作效率得以提升，用绿色管理方式既提高了员工的工作效率，同时也能够加强企业管理效率。通过对管理方式的逐渐改善形成绿色管理体系，在对员工、对生产经营的管理方面都能够提高管理效率，同时促进绿色发展。

②树立绿色营销管理，制定绿色营销策略。产品的生产营销管理也是企业管理工作中的重点，管理者的决策影响着实际的营销策略和营销效率，因此，企业的管理者应该树立绿色营销管理的理念，在制定营销策略时，以绿色营销思想为指导，实现绿色营销目标。管理者在应用过程中，最重要的是应该厘清企业利益、消费者利益、环境保护之间的共同联系，分清利弊。首先，企业应该进行有效的市场调研工作，了解分析市场绿色营销的现状以及消费者的思想观念；其次，企业应该制订合理的产品生产计划，对于产品原料、生产过程、生产数量等都要进行严格的控制，选择绿色环保的生产原料，采用更加科学高效、降低污染的生产方式，同时根据实际需求进行产品生产，不要产生过多的滞销浪费情况；再次，企业在实际营销过程中也应该把握绿色营销理念，不要造成浪费和污染，用一些小技巧减少污染，例如，许多食品企业在一些干果类食品袋中装入垃圾袋和餐巾纸，看似是没必要的细节，实际上却能够很大程度上改善消费者乱扔垃圾的现象；最后，企业可以采取一些绿色促销手段，选择一些绿色媒体进行宣传工作，例如网络、报纸等，避免造成噪声污染、光污染等。企业通过建立这一系列的绿色营销体制，能够很好地体现绿色营销的应用，有效地进行企业的营销管理活动，促进对营销部门的高效管理。

③建立企业绿色管理文化。现代企业管理文化的发展也是企业管理的重要工作，绿色营销在企业文化培养方面也有着重要的应用。企业通过建立绿色人员管理体制、绿色营销体制，能够让员工更深入地体会企业的发展理念，企业在绿色营销活动中取得的成果是企业管理文化中非常重要的组成成分。将这些管理理念、管理成果以及公司的管理发展结合起来，就能逐渐在企业中形成绿色管理文化，这种文化内容能够作为企业发展进步的路标。企业绿色管理文化的发展不仅能够增强企业管理理念的体现，更能够对员工造成深入的影响，加强员工对企业的理解，增强归属感，同时还能促进企业发展方向的形成，坚定企业管理方式，进一步促进企业的绿色管理发展。

4.绿色营销对现代企业管理发展的意义

①实现可持续发展。企业要继续发展壮大，就必须直视一些企业管理问题，明确了解企业在发展过程中的一些不足，传统企业在环境保护方面有着巨大的漏洞，尽管短时间内能够节约企业管理成本、促进企业经济发展，但是长时间发展只会让企业陷入困境。因此，绿色营销的应用不仅是一种单纯的营销理念的转变，更是一种企业发展道路的改变。如果企业能够非常深入、有效地利用绿色营销理念，就能够真正实现企业管理发展与环境保护之间的和谐共存，通过这种和谐发展关系的建立，企业能够获得更加强大的发展动力，从而促进企业的可持续发展。

②增强企业竞争力。在企业销售方面，消费者对于企业和产品的选择是出于多方面原因考虑的，例如价格、外观、实用性、环保性等，在价格、工艺都相近的许多同行业企业中，环保性能就成了消费者选择产品的一项重要指标。企业运用了绿色营销理念之后，就在环保性方面为产品极大地提高了竞争力，并且随着消费者对环保要求的提高，环保性能指标已经越来越重要。因此，绿色营销可以为企业获取更多的竞争力，通过这种营销方式的应用，将企业产品与别的企业产品进行区分，能够更多获得消费者的青睐，提高企业的竞争力。而在企业管理方面，应用了绿色营销理念的企业，管理体系必然更有效率、联系更加紧密，能够更好地发挥企业员工的能力，从而提高企业的工作效率，这也是增强企业竞争力的一种重要方式。

③树立企业正面形象。企业的形象来源于企业的理念、营销方式、管理方式等多个方面。在消费者方面，对于一个企业的形象来源主要就在于企业的产品营销方式和宣传，企业如果采用非常环保绿色的营销方式，会给更多的消费者留下良好的正面形象，从一些细节之处能够极大地增加消费者对企业的好感度。企业的宣传工作是否对消费者的生活造成了影响也是很重要的，如果采用大张旗鼓、铺张浪费的宣传手段反而会引起很多消费者的反感，适当的绿色宣传才能树立良好的形象。在企业管理方面，采用绿色高效、人性化的管理方式的企业能够受到更多员工的正面评价，不仅能够提高员工对企业的满意程度，更能提高员工工作效率，最重要的是能够对企业形成一种正面的宣传效果，吸引更多人才选择进入该企业。通过应用绿色营销方式，企业可以在多个层面树立自己的正面形象，也就能够吸引更多的消费者和企业人才资源，促进企业的进一步发展。

（四）体验营销

体验式营销站在消费者的感官、情感、思考、行动、关联五个方面，重新定义、设计营销的思考方式。这种思考方式突破传统上理性消费者的假设，认为消费者消费时理性与

感性兼具，消费者在消费前、消费时、消费后的体验，才是研究消费者行为与企业品牌经营的关键。与传统营销相比，体验营销的创新在于：传统营销更多专注于产品的特色与利益，体验营销则把焦点集中在顾客"体验"上，让消费者在消费过程中得到更深刻的体验，从而实现销售目的。

1.体验营销的产生背景

①体验经济时代的到来。所谓体验经济，是指企业以服务为重心，以商品为素材，为消费者创造出值得回忆的感受的一种经济形态。在这种经济形态下，体验产品的生产过程与消费过程相互融合，企业的目光转向从生活与情境出发，塑造感官体验及思维认同，以此抓住顾客的注意力，改变消费行为，并为产品找到新的生存价值与空间。

②体验经济时代的消费需求与消费行为特征。消费需求的变化促使一个新的经济时代到来，而体验经济时代的到来又使得消费在观念、结构、内容、主体、形式和额外关注等各个方面都发生了深刻而剧烈的变化。

消费观念：体验经济时代的消费者在消费观念上发生了质的转变，其需求是理性的，又是情感的，既需要实体产品的消费，又需要娱乐、刺激、感动和挑战等独特的、新奇的、切身的感受和体验。

消费结构：在消费结构上，体验经济时代的消费者情感需求的比重增加，抽象的"意义"融入了产品和服务之中，体验消费成为人们实现情感和理想需求的一种重要形式。

消费内容：在接受产品或服务时自我意识觉醒，非从众性日益增强。精神消费成为主要的消费内容，并潜移默化地影响着物质消费。

消费主体：从消费主体来看，消费的团体性增强了。在团体性与个性化这两个相互矛盾的概念中寻找平衡。

额外关注：除了对体验产品本身的偏好，体验经济时代的消费者的公益意识也融入对产品的需求中。

③体验营销的必要性。随着体验这一经济提供物的出现并居于经济生活中的主导地位，体验营销产生并成为社会中的主流营销模式是历史发展的必然结果。作为体验经济的一部分，它是一种充满活力的营销模式，这种营销模式既可以和体验生产捆绑在一起进行，也可以单独作为一种营销模式来推进和运用。前瞻性地研究体验营销，对企业快速适应即将到来的体验经济意义重大。

2.体验营销的理论解析

①体验营销的内涵。体验营销的核心理念是通过创造、引导并满足顾客的体验需求、实现顾客价值，即以体验为桥梁真正实现所有顾客的理想和价值的过程。实质则是通过提

高顾客价值来达到顾客满意和顾客忠诚，最终实现企业的经营目标。

②体验营销的模式。基于美国学者Bernd H.Schmitt对于体验的定义，体验营销也可以分为感官营销、情感营销、思考营销、行动营销、关联营销五种模式。

感官营销：感官营销的目标是营造一种环境，使顾客易于从感官上识别，形成初步的印象，或是通过视觉、听觉、触觉、味觉和嗅觉创造知觉体验，以满足人们的审美体验为重点，引发顾客的购买动机，并增加产品的附加值。

情感营销：与传统营销方式相比，情感营销是更人性化的营销，它以顾客内在的情感为诉求，致力于满足顾客的情感需要，通过触动顾客的内心情感，给顾客以兴奋、快乐的情感体验。

思考营销：思考营销的目标是以新颖的创意来引发顾客的好奇，启发人们的智力，进而产生兴趣和了解的欲望，并自发地对问题进行集中或分散的思考，创造性地让顾客获得认识和解决问题的体验。

行动营销：行动营销的目标在于影响身体的有形体验、生活形态与互动。

关联营销：也被称为关系营销，是指通过感官、情感、思考和行动营销的综合，超越"增加个人体验"的感受，把个人与理想中的自我、他人和文化等更广泛的社会体系联系起来。

（五）节约营销

节约营销是生态营销、绿色营销的发展。构建和谐社会，建设节约型社会，要求以最少的资源消耗获得最大的经济和社会收益，保障经济社会可持续发展。因此，在生产和消费过程中，需要坚持用尽可能少的资源、能源（或可再生资源），创造相同的财富甚至更多财富，最大限度地利用回收各种废弃物。这种节约要求企业必须彻底转变现行的经济增长方式，进行深刻的技术革新。

1.目标的浪费：假、大、空

目标也有浪费吗？笔者认为，不切实际的目标设定也是一种浪费，很简单，此种目标设定会促使企业为此付出巨大的资源浪费而最终却无法实现，这种浪费是致命的。现在很多企业一成立就为自己制定了"全国第一""行业第一"，甚至"世界500强"的宏伟目标，而完全忽视企业本身的资源能力和当前行业竞争状况，企图短时间内将企业做大做强。这也正面反映了企业管理者的浮躁和战略思想的盲动，最终的结果是造成企业资源和社会资源的巨大浪费，从而导致企业迅速夭折。

2.包装的浪费：过度和奢华

说到包装的浪费，我们脑子里马上就会出现一些耳熟能详的产品：月饼、化妆品等。不可否认，包装在营销中的重要作用，它是产品的重要组成部分，是促成销售十分关键的一环。于是，很多企业在包装上费尽心机，包装就越来越豪华，越来越奢侈，很多产品其包装的价值远远超过了产品本身的价值，可谓当今营销的一大怪象。其中恐怕最突出的要数月饼的包装了，成千上万的天价月饼比比皆是，让人顿生"月饼何其贵，把酒问青天"的感慨。包装的浪费从侧面反映了当今营销的浮躁和不理性。

3.广告的浪费：盲目和疯狂

一位著名的广告人曾经说过，我的广告费一半都浪费了，但我不知道浪费到哪里去了。在这里我们可以把广告解释为必要的浪费，我现在所说的广告的浪费，是一种盲目和疯狂的浪费。盲目者，是不知道自己的目标群和目标市场之所在，不管三七二十一，眉毛胡子一把抓，天女散花式地投放广告，能捞多少是多少；疯狂者，是赌徒式投放广告，或者广告铺天盖地，轮番轰炸，或者不惜血本，请个超级明星，拍几个广告片，勇夺标王等，企图一击而成。虽然有的企业获得了成功，但更多的是失败者给我们的警示，广告真的需要这样投放才能取得成功吗?笔者认为，广告的盲目和疯狂无异于自杀。

4.促销的浪费："百促不厌"，促而不销

促销的浪费主要表现在促销物料和促销活动上，由于没有一个合理的规划和执行的不到位，很多企业制作了大量促销物料，但最后大部分都留在了仓库里；促销活动很明显的表现是为促销而促销，企业管理者只是突然觉得该促销了，于是促销就开始了，而且是一个接一个，"百促不厌"，没有弄清促销目的的促销当然不会有什么效果，最后成了真正的"促销秀"了，促而不销，促销的浪费是企业营销的无奈和心理的自慰。

营销的浪费当然不止这些，以上几例不过是管中窥豹而已。营销的浪费反映的正是当前营销的浮躁、盲目、冒进、急功近利等不理性的企业心态，也是中国本土企业总是无法实现超越、做大做强的一个原因。面对越来越国际化的趋势，越来越激烈的市场竞争，越来越理性的消费者和市场，越来越注重成本竞争和资源优化的营销时代，我们必须重新审视营销的未来，树立新的营销观念和理性营销心态，实现营销的全面改造和革命，那么就让我们首先告别"浪费营销"，倡导"节约营销"，走入理性营销时代。那么什么是"节约营销"呢？"节约营销"应该赋予什么内涵呢？笔者先谈谈自己的浅见，以抛砖引玉。

①节约营销内涵之一：合理有效、可持续的战略规划和目标设定。企业营销的目的在于以各项资源的整合实现销售和利润的最大化及最优化，最大也罢，第一也罢，500强也

罢，都是在以上目标实现下的品牌载体而已，而决不能颠倒以此为目标。因此企业制订合理有效的战略规划和设定目标必须搞清营销的本质，战略规划和目标绝不是画在纸上的蓝图，而是方向和行动指南，体现的是企业的战术决心和战投意识，因此必须有效合理，从而避免战术资源的浪费。战略规划和目标设定还必须是可持续的，连续的，渐进的，否则，就将流于短视。

②节约营销内涵之二：资源的优化整合。整合营销的本质就是实现资源的最优化整合，从而实现营销价值的最大化，因此，在营销的每一环节必须考虑资源的最大利用，这也正是节约营销的本质要求。整合绝不是组合，组合只是实现1+1>2的效果，而整合实现的是倍数和倍速增长效应，如果说组合是加法营销，那么整合就是乘法营销。节约不是目的，节约是为了实现价值的最大化和最优化。资源优化整合的要义在于该用的一定要用，而且要用精用好，不该用的坚决不用，体现的正是一种节约理念。

③节约营销内涵之三：树立科学的成本观。提到节约，恐怕我们很多人首先想到的就是成本控制，不错，成本控制理应成为节约营销的一个核心观念。企业利润的两个来源，一是销售，二是成本控制。只有实现销售和成本控制的和谐统一，企业才能够实现利润的最大化，否则，利润的最大化只是一句空谈。成本控制绝不是简单的节约，成本控制应以销售和利润为导向，科学的成本概念应是让合理预算中的每一分钱都产生最大、最优价值。成本已成为当今市场竞争的主要手段，谁具备了成本优势，谁就有了制胜市场的利器，因此，树立科学的成本观是中国本土企业的当务之急。

④节约营销内涵之四：以简洁理性的方式与消费者进行沟通。营销的浪费也是对消费者价值感受的不尊重。营销就是沟通的艺术，广告和促销必须以消费者价值感受为基础，任何忽视消费者需求和价值感受的沟通方式只会适得其反，这无疑就是沟通的浪费。营销就是要使销售活动变得简单，而不是复杂和烦琐，否则，我们的营销策划就失去了意义，变成纯粹的艺术了。简洁和理性就是让消费者以最快的速度找到自己的真实需要，这才是营销沟通的真正意义。"节约营销"是对营销整合的提升和延展，是对"浪费营销"发起的瘦身革命，是对营销浮躁症的颠覆，是理性营销时代的深刻内涵。倡导"节约营销"是基于企业生命和发展的理性思考，也是对营销策划人价值的考问。倡导"节约营销"势在必行！

二、市场营销方法的创新

现代市场营销观念，要求企业通过在营销方法上不断创新与突破，以促进产品的销售。

（一）关系营销

关系营销以系统的思想来分析企业的营销活动，认为企业营销活动是企业与消费者、竞争对手、供应商、分销商、政府机构和社会组织相互作用的过程，市场营销的核心是正确处理企业与这些个人和组织的关系。采用关系营销方法的企业进行营销活动，其重点是建立并维持与顾客的良好关系，使消费者得到更多关注和尊重；促进企业合作，增加共同开发市场机会；协调与政府的关系，创造良好的营销环境。

（二）网络营销

网络营销是企业通过计算机互联网络开展营销活动的一种方法，包括网络调研、网络促销、网络分销、网络服务等。企业可通过国际互联网建立网站，传递商品信息，吸引网上消费者注意并在网上售卖。网络营销可缩短生产与消费之间的距离，节省商品在流通中的诸多环节，降低耗费在整个商品供应链上的费用，缩短运作周期，扩大市场和经营规模。

（三）定制营销

定制营销是指企业在营销活动中，把每一个顾客都视为一个潜在的细分市场，针对每个消费者与众不同的个性化需求，为其"单独设计、量身定做"产品，从而最大限度地满足消费者需要的一种营销模式。

（四）事件营销

事件营销是通过或借助某一有重要影响的事件来强化营销、扩大市场的方法。开展事件营销的前提是充分抓好和利用某一有影响的事件，并把它与企业营销有机结合起来，达到"借船过海、借风扬帆"的目的。

（五）互动营销

互动营销是企业针对消费者的个性需求，通过各种沟通技术与手段，把消费者当作伙伴与之充分互动，让他们参与到产品的设计、改进、生产等活动中，建立企业与消费者之间的互动关系，使企业能够为消费者的个性化需求提供个性化服务，使产品更容易被接受，从而缩短产品进入市场的时间，取得营销的成功。

（六）整合营销

整合营销是对传统营销组合的升华和理性化，使之形成体系。当前，我国正在构建和谐社会与节约型社会，坚持可持续发展之路。在新的形势和新的环境条件下，企业应大力推行新的营销观念和营销方法，激发创新意识，不断提高自己的竞争优势，使"新营销"向知识化、数字化、个性化、网络化、合作化、公益化、非价格趋势等方面不断地创新与发展。

三、实例：亿丽化妆品有限公司营销的观念创新与方法创新分析

（一）公司经营的现状与目前的困境

1.行业竞争强度加剧，市场挑战压力增大

现在的问题是越来越多的人看到了这个新兴的行业，都一窝蜂地挤进来，况且门槛也低，形成"军阀"割据和奋战的混乱局面将是无法避免的。同业过度扩张竞争，竞争对手竞相挤占市场份额。面对这个严峻的现实，我们如何在这种混乱的竞争态势中抢占先机，率先脱颖而出至关重要。

2.品牌影响力较低，阻碍了市场的拓展

品牌在市场上未有知名度，在顾客心目中也谈不上影响力，属于大众化的产品。产品与竞争对手的产品相比没有特别的优势，而且无突出的卖点好炒作，难以引起消费者的注意和兴趣，因而极大地阻碍了市场的拓展。

3.技术创新能力太弱，未有形成独特的核心技术

技术创新是建立品牌的根基，产品差异化、个性化尤为重要。一个企业日后的发展速度关键在于是否有自己的核心技术，是否能在技术创新方面走在竞争对手前面。公司技术力量太弱，没有一支技术水平高的研发队伍支撑，以至于在配方创新方面毫无重大突破，一直落后于他人。与此同时，产品开发始终定位在低端市场，难以提升产品档次，更别说创立品牌和扩大经营范围。

4.质量意识不强，未能构筑全面质量战略

质量是企业的生命线，是打造品牌的基石，是打开市场的通行证，更是提高客户满意度和留住客户的关键。但是一直以来，质量重要都是被挂在口上，很少落实在行动上，未能真正引起大家的高度重视。没有对产品质量问题进行统计分析，导致同类质量问题反复

发生，不能及时和有效地解决，既影响产品销售，又容易受到客户投诉。

5.信息情报把握不及时，缺乏对化妆品市场动态和行业发展趋势的有效研究

管理人员的优患意识比较强烈，对化妆品市场竞争残酷性有了初步感受，因而对产品的生产和研发表现出一定程度的焦虑和关注。但是，从公司的角度看，对企业赖以生存的行业发展趋势的有效研究十分缺乏，基本处于跟着市场感觉走的状态，因此也就无法对行业发展趋势做出有效调研和预测分析，从而导致行业运作战略近视眼和盲目性。

6.产品开发战略重视不够，未能制定有效的产品开发战略

虽然十分重视市场对产品的需求变化，并且经常根据销售一线等职能部门所获得的市场信息选择重点产品来开发。但是，由于没有采用规范化的产品开发模式和科学化的市场营销方法，因而不能较为准确地发现、分析、选择和利用市场营销机会，以实现公司行业运作战略预期目标。

7.成本意识比较薄弱，控制力度有待加强

严重缺乏对产品的成本控制。基层管理人员没有成本意识，片面地认为成本控制只是财务部门和高层管理人员的事情。在这种状况下，一些产品的生产没有准确的销售预测，只凭以往经验和个人主观意识，导致产销脱节，造成部分产品积压和资源的浪费。

8.没有从整体的角度协调市场、生产、开发等环节，导致运作效能不高

现在应客户需求而生产多品种、小批量的产品，因为各种产品的生产规格不同，要求车间和班组执行不同的指令，一旦达不到要求就会造成各种问题的产生，于是进一步助长了供货延滞现象。

9.供货延滞现象严重，严重影响了公司信誉度

供货延滞率有时高达合同总量的30%，已经成为一个严重的经营问题。供货延滞会带来一系列后果，如合同违约、信誉受损、应收款难收、售后服务难度增大，结果是增大了财务上的机会成本损失。

供货滞后的问题是由多种原因造成的。但是，在公司的管理层中，有人简单地归结为是控制库存量、降低成本造成的。实际上，它的主要原因是业务流程的不够通畅和生产控制系统的管理水平低下，在生产计划组织中缺乏跟踪、落实等必要的监控手段；同时，一些产品没有经过严格的试制和评审程序，在技术和生产上尚不成熟，就盲目地推向市场，开始洽谈，组织供货，也激化了供货不及时的矛盾。

10.缺乏有效的计划和调度系统，执行力度过弱

由于缺乏行业运作战略的指导，没有建立起与之相适应的信息系统和计划调度系统。在这种状况下，年度经营计划的制订往往是定性的而不是真正定量的，具有明显的随意主

观性。在这样的年度经营计划下，市场销售计划和生产管理计划就缺乏依据和指导，有时候干脆不再制订操作性计划。制订的计划本身就存在缺陷，又没有相应的监督控制和检查指导的机制，造成了生产调度系统的混乱且无章法，制约生产潜力的提高。

11.资金运作不畅，投资失误较多

公司应每年对资金运作和项目投资效益进行分析，主要是销售收入、管理费用、制造成本、利润、资金利润率、流动资金、库存资金、呆账等经营状况进行全面分析，从中找出需要改善的地方，避免资金风险。资金可以说是公司的血液，必须高度重视。

12.营销管理平台尚未建立，策划水平有待全面提升

①市场与客户需求分析不够，未能高度重视信息战。

②新产品策划水平不高，开发管理力度较弱。

③市场预测不准确，营销策划不专业，销售管理不到位。

④网络建设不健全，经销商管理未规范。

⑤提供产品不及时，客户满意度偏低。

⑥货款回收不准时，售后服务须改善。

⑦经济效益在下滑，利润空间在缩小。

综上所述：这些问题的存在是导致公司经营业绩增长缓慢、经济效益不够明显、市场拓展减弱、竞争能力难以提升的关键。

（二）全面系统优化解决方案

1.明晰发展远景，搞好战略规划

公司现在实施的是"双轮战略"，即走日化线和专业线。当前要考虑下一步的工作是如何开展品牌战略、市场营销战略、产品开发战略、人才开发战略等。公司战略的变化和调整，不仅要求公司的组织机构要做出相应的调整，同时还会使原来的关键职能发生一些变化。

公司发展远景是希望在未来的五年初创品牌，从三线阵营跻身到二线阵营，以开发中端产品为主攻方向，最终积蓄实力，力争用五年时间打造3B品牌。公司市场网络建设要从现在覆盖率90%到全国的所有省城（100%），地级市要达到80%，合计250个，应该以每年平均25%的速度增长才能实现我们设定的战略目标。

管理目标：机构设计科学，指挥协调有力；整体运作有序，经营管理高效；岗位职责明确，人员配置合理；业务流程规范，工作质量优良；团队精神增强，员工士气高涨。

2.基本举措

①强化品牌意识。名牌有六大特征：品质优、特色突出、知名度高、信誉度好、市场覆盖率高、附加价值高。品牌是企业整体素质，产品内在质量和外在形式的综合表现，是消费者在无数次的购买和长时间的使用中验证出来的。拥有品牌就拥有市场和财富。因此，3B公司必须在全体员工中强化品牌意识，实施名牌战略，依靠品牌提升3B形象。

②增强质量意识。凡是成功的知名企业无一不是实施了全面质量管理，并把质量取胜和质量是企业的生命线这一理念贯穿公司的经营战略和全体同人的言行中。质量是我们拓展市场的"通行证"，高质量的产品必然会获得消费者的认可，也能在市场上打开销路，长盛不衰。

③树立规模意识。企业要发展就必须上规模。只有达到规模生产，才能实现低成本的扩张战略，就目前行业现状来看，企业规模普遍偏小，约占总数80%以上。真正有实力、有规模的企业也不上十几家，根本谈不上与国外知名品牌抗衡。

④坚持顾客意识。以了解顾客的潜在需求，满足客户的期望，不断提高客户的满意度为3B公司的经营宗旨，从顾客的需求出发，设立"顾客受理热线"（免费电话），从而最大限度地方便和解决顾客的咨询、建议和抱怨，并利用这条热线所获的信息，迅速改进企业的工作质量和产品质量，为不断满足多元化、个性化的消费群体提供更好的产品。

⑤建立成本意识。"价格战"已成为美容美发行业的首选竞争策略，龙头老大（如联合利华、宝洁、奥妮、舒蕾等厂家）在市场上都卷入"价格战"的竞争中，降价已是市场行业发展到一定程度上的必然结果和行为方式，并在有效地抑制中小型企业的发展，形成了较强的行业冲击波。价格竞争将是市场上的一种长期行为和特征，其最终是反映了企业的综合实力，成本在未来市场上将是决定竞争优势的关键因素。而就3B公司现有的生产规模、管理水平、营销网络是难以应对未来的市场竞争。

⑥增强竞争意识。我国化妆品行业正处于高速发育成长期，杂牌多、名牌少，各品牌之间为了抢占市场势必加剧行业竞争，因而企业为了求生存、谋发展，就必须有很强的竞争意识、市场意识，全面推进品牌战略，以便在消费群体中能牢固树立起名牌产品和名牌企业形象。

3.确立经营方针，实施目标管理

公司必须确立每年的经营方针，因外部环境的变化和公司在不同发展时期的战略目标及工作重点会有所不同，所以每年的经营方针也会有所调整。

建立步骤如下。

①外部经营环境分析和企业SWOT对比分析。

②针对上年经营情况及目标达成状况进行综合评价。

③公司经营方针确立，例如，2003年是："一中心、二开展、三提高"。一中心：以提高企业经济效益为中心。二开展：开展战略研究，开展品牌经营。三提高：提高技术创新能力，提高营销策划水平，提高全员服务质量。

④提出经营指导思想、原则和工作思路，例如，"集中精力，抓好管理；把握机遇，拓展业务；狠抓重点，改善提高；保障供给，主打市场；奋力拼搏，再创佳绩。"

评价标准：公司所有的工作都要服从和服务于提高市场竞争力，以"是否有利于提高市场竞争力"为评价所有管理活动的标准，以市场营销策划指导产品经营的全部过程。

⑤设立年度经营目标和任务。

⑥完成年度目标任务的工作举措。

a.加强产品开发，提高竞争能力；

b.加强品质管理，依靠品质取胜；

c.加强成本控制，实施低成本战略；

d.加强市场开拓，扩大市场占有率；

e.加强品牌经营，实现名牌扩张战略。

品牌经营之路是未来3B公司的首选战略，做企业就是做品牌，尤其是高层管理人员要以这种指导思想来全面经营公司。对企业而言，品牌是永久的生命力所在，打造品牌关键是产品质量和技术创新。正因如此，我们只有实施全面质量战略和技术创新战略，才能拓展市场，扩大经营版图，提高客户的品牌忠诚度、产品美誉度，进而获得客户的全面满意和信赖。

希望我们公司能用五年时间在三线品牌中冲入十强行列，再用三至五年时间跻进二线品牌前十强阵营。最终逐步扩大3B品牌的行业知名度和市场影响力。

4.重视人才开发，发挥人才潜能

①人力资源战略规划与企业发展战略相匹配。

②建立人力资源管理平台。

a.激励机制（事业留人、感情留人、利益留人）；

b.职务规划（内含定编定岗定员，宁缺毋滥，精简高效，职务说明书）；

c.绩效考评制度与绩效管理；

d.培训开发体系与员工职业规划生涯；

e.晋升机制、淘汰机制。

③引入精英人才，主要是研发人员、策划人才、优秀业务员等，没有优秀人才，再好

的方案都没法实施，人才问题可以说已成为制约公司进一步成长壮大的瓶颈，也影响着企业的发展速度。

④打造一支能与老板同舟共济、共同奋斗的精英团队，是公司实现宏伟目标的根本立足点，没有优秀人才去推进和实施，执行力度不到位，再好的方案也是纸上谈兵。

任务明确化、行为规范化、作业标准化、流程科学化、职位稳定化。

5.改善内部管理，优化作业流程

①公司属订单型（BTO）企业。

②规范生产计划系统、技术品质系统和财务管理系统等，建立健全工作标准、工艺标准，理顺作业流程，提高运作效能。

③加强对公司整个经济活动进行全面、有效分析和评价，并要及时提出改善建议。建立一套科学、合理经济技术评价指标。

④建立企业规范化管理平台，促使企业走上规范化、系统化和制度化轨道。

6.创新营销思路，提高策划水平

①营销战略规划和竞争策略纲要。

a.营销基本思路与建议综述；

b.营销策划的指导思想与原则；

c.营销实战总体框架规划；

d.营销竞争策略优化设计；

e.营销系统组织优化设计与资源整合；

f.营销系统管理平台建立；

g.营销系统业务流程优化设计；

h.分销渠道评估、设计、选择及管理；

i.商场、专卖店和超市的业务指导与管理服务；

j.营销队伍建设与业务员目标管理；

k.顾客服务全面满意系统设计及实施推进。

②公司的品牌策略建设纲要。

a.品牌经营战略确立；

b.品牌市场定位与经营环境分析；

c.品牌经营战术与品质策略。

第二章

市场营销与环境管理

第一节　营销环境概述

市场营销环境的内容十分广泛且复杂。由于观点和角度的不同，有的学者将市场营销环境分为五大类，即一般环境、策略环境、科技环境、国际环境和市场综合环境；美国营销学家迈克塞将其分为公司目标及资源环境、竞争环境、组织与技术环境、文化与社会环境；著名营销专家菲利普·科特勒博士则把市场营销环境概括为微观环境和宏观环境。

一、营销环境的构成

（一）微观环境

1.市场营销渠道企业

市场营销渠道企业是指参与到产品生产、分销和消费过程中的各种组织和个人，主要包括供应商、中间商、辅助商。供应商所提供的原材料等的质量好坏，直接或间接影响到企业所生产产品的质量、性能、价格等。

2.企业自身

企业自身环境是指企业高层管理、市场营销部门、其他职能部门及一般员工对营销活动产生的影响。

3.消费者

消费者是企业营销活动的出发点和归属。企业的一切营销活动都应以满足消费者的需

要为中心。因此消费者是企业最重要的环境因素。

4.竞争者

企业在目标市场进行营销活动的过程中，不可避免地会遇到竞争者。面对各种竞争者，企业必须在满足消费者需要和欲望方面比竞争者做得更好。

5.利益相关者

利益相关者是指对企业实现营销目标的能力有实际或潜在利害关系和影响力的团体或个人。企业面对公众的态度，会协助或妨碍企业营销活动的正常开展。所有企业都必须采取积极措施，树立良好的企业形象，力求保持和公众之间的良好关系。

（二）宏观环境

1.经济环境

经济环境主要指一个国家或地区的消费者购买力、商品供给、商品价格、消费结构和消费者支持模式等。

2.人口环境

市场是由具有购买欲望和购买能力的人构成的，营销活动的最终对象也是人。人的需求是产生市场需求最根本的动因。

3.自然环境

自然环境是指影响社会生产过程的自然因素，包括自然资源、企业所处地理位置、生态环境等。日益恶化的自然环境既可能成为企业发展的机遇，也可能对企业产生潜在威胁。

4.政治法律环境

包括营销活动在内的所有企业活动都必然受到政治法律环境的限制和约束。政治法律环境主要是指国家政局、国家政治体制、经济管理体制及相关法律法规和方针政策等。

5.科学技术环境

科学技术的发展对营销活动的影响是直接且显著的，它直接影响市场供求。新技术的出现增加了商品的市场供给，极大地刺激了消费者需求，促使消费品种类增加和范围扩大，从而使消费结构发生根本性变化。

6.社会文化环境

社会文化环境是一个国家、地区的民族特征、价值观念、生活方式，风俗习惯、宗教信仰、伦理道德、教育水平、语言文字等的集合。

二、市场环境信息的收集

随着技术进步、全球市场一体化、客户对服务需求的增长和电子商务的广泛应用，企业间的竞争日益激烈。面对快速变化的市场环境，信息已成为企业不可或缺的生产经营资源。为了及时处理大量增加的内、外部信息和提高其处理质量，企业必须利用现代信息技术。营销信息系统作为连接企业和营销环境的纽带，对企业的决策和经营活动起着至关重要的作用，也是提高企业核心竞争力的有力保证。

（一）营销信息系统概述

营销信息系统是由从事收集、整理、分析、评估、报告和分配营销信息的人员、设备和程序构成的一个系统。营销信息系统的功能是设计师准确地向有关管理人员提供营销信息，以便根据内外部环境的变化制订、执行、调整和评估市场营销计划和活动。营销信息系统的主要任务就是为营销决策和沟通提供必要的信息支持。具体地说，它有以下几项任务：其一，评估信息需求；其二，开发信息；其三，分析、解释与报告信息；其四，分送信息。

（二）市场营销信息系统运行管理的内容

市场营销信息系统的运行管理工作是系统研制工作的继续，主要包括日常运行的管理、运行情况的记录以及对系统运行情况的检查和评价。

1.市场营销信息系统的日常运行管理

主要包括：数据的收集、校验、录入；在保证基本数据的完整、及时和准确的前提下，系统会完成理性的信息处理和信息服务工作；系统硬件的运行、维护以及系统的安全管理。主要有：其一，数据的收集。企业通过收集内部资料、外部市场情报、市场调查和通过信息分析与加工而形成的高层次信息。信息的收集是企业营销信息系统的核心模块，它直接决定着营销信息系统的质量和效果。其二，数据的校验工作。对于任何信息系统来说，最重要的资源是数据，一切硬件、软件及其他资源，都是为了保证数据的及时、完整和准确。整个信息系统的效率或者对外的形象都依赖于它所保存的数据，因此对大量数据的校验工作就显得尤为重要，这也是企业决策者在营销信息系统的运行管理中特别要注意的问题。其三，数据的录入。数据的录入工作比较简单，其要求是迅速和准确。

2.系统运行情况的记录、检查与评价

在完成营销信息系统日常管理工作的同时，还应该对系统的工作情况进行详细的记录。这主要包括：有关工作数量的信息；工作的效率。比如计算完成一次年度报表的编制所需要的成本，从而得出营销信息系统的经济效应；系统内部提供的信息服务的质量。市场营销信息系统在其运行过程中，除了进行大量的管理和维护工作外，还要定期地对系统的运行状况进行审核和评价。系统的评价主要从以下几个方面进行：系统是否达到预定的目标，目标是否需要修改；系统的影响、安全性评价。这是指系统运行是否稳定可靠，系统使用与维护是否方便，运行效率是否能够满足营销业务的要求。

（三）企业在掌握营销信息和建立营销信息系统过程中应注意的问题

市场营销信息系统是由人、设备和程序组成，它为营销决策者的收集、挑选、分析、评估和分配需要提供及时和准确的信息。不同企业的信息系统的具体构成会有所不同，但基本框架相同，一般由若干子系统组成，与运行管理有关的子系统包括营销信息处理和情报检索系统。营销信息系统交付使用之后，研制工作即告结束。系统进入试用阶段后，只有对系统进行维护和管理，才能使信息系统真正发挥为管理者提供信息的作用。所谓运行管理工作就是对信息系统的运行进行控制、记录其运行状态，并进行必要的修改和补充，以便使信息系统真正符合管理决策的需要，为管理决策者服务。

①营销信息的获得是需要成本的，而营销信息系统的建立更非一朝一夕所能完成的。为此，企业的领导人员必须具有高瞻远瞩的眼光和智慧，树立信息就是企业的生命的思想，广泛地收集完整有效的信息，并通过营销信息系统的处理，使之成为准确可靠的信息。在这里，收集和掌握营销信息只是企业信息化的初步阶段，最重要的是建立快速反应的营销信息系统。

②企业的销售人员无疑是企业与外部联系的桥梁和纽带，他们担当着为企业销售产品、与代理商建立长期稳定的合作关系、争取为企业带来长期的利益和获得外部信息的重任。实际上，获得信息并初步地处理信息是销售人员的重要工作内容之一。这就要求我们的销售人员具有良好的个人素质和工作能力，并具有整体观念、全局观念。为此，公司必须充分重视对销售人员业务能力的培养和提高，经常开展业务培训活动，使销售人员不断提高工作能力，成为销售产品、收集信息和初步处理信息的行家里手。

③企业营销信息系统可靠性差并缺乏决策支持功能。目前一些企业虽然也建立了很多诸如ERP的操作系统，但总体来说可靠性差，缺乏可操作性。计算机、数据库、网络等相关技术系统都只是我们的工具，一个企业能否应用信息技术提高自身的竞争力，在很大程

度上取决于如何应用这些技术。目前，很多企业已经建立了比较完备的公司网站、网上报销系统、工作计划与报告管理系统、网上订货系统、网上办公系统，但这些系统还没有真正应用起来，还没有打破某些职能部门之间的界限，信息还没有趋向"一体化"，在决策支持功能方面更是有待于进一步加强。我们距离快速反应的营销信息系统还有很长的一段路要走。

（四）营销系统的分析研究

营销系统的分析研究是针对营销决策者的要求，主动或被动地采用信息定性处理和定量处理的方法，依据分析研究结果提出决策方案，供决策者决策参考的一种服务形式。营销信息的定性处理是将收集到的信息，按功能和隶属关系，整理成背景材料，交给具有一定理论水平和实践经验的人员进行面对面的讨论，最后得出具有倾向性的结论间接作为决策方案以供参考。营销信息的定量处理是通过一定的测量方法采集大量信息，并进行数据处理，给出定量的信息分析研究的过程。其处理方法是把收集到的信息，按照其剂量或者计数单位，按顺序依次排列，或按其大小顺序分组，其目的是使已有数据有序化，同时也为图形化提供方便。

当然，掌握营销信息特别是营销信息系统的建立与应用是一项非常复杂的工程，需要细致的工作与长期的努力，需要多个不同职能的部门通力合作。但我们也相信，只要我们充分重视营销信息的作用，运用科学的方法建立起快速反应的营销信息系统，我们就会"运筹帷幄，决胜千里"。企业的市场营销信息系统的主要功能就是向管理者提供迅速、准确、可解释的信息，减少信息资源的浪费与盲目化，这对提高企业管理及营销决策的科学性、时效性和有效性有一定帮助，为充分了解竞争对手的最新动态，准确及时地分析竞争环境，并做出合理战略决策提供了有力的保障。同时，加强对营销信息系统的运行管理，可以使企业在激烈的市场竞争中始终立于不败之地。

三、企业应对营销环境变化的方法

企业的发展存在着优胜劣汰，企业内部的管理以及营销的措施都直接影响着企业的生存和发展。市场营销环境的改变对于企业来说，既是挑战也是机遇，可以淘汰没有发展潜力的企业，也可以改善市场营销的大环境，使企业之间的交易可以在透明、公正的环境下进行，所以企业应抓住这个机会，提高自身的综合能力。

（一）在宏观市场营销变化中采取的措施

1.采取协调性的措施

企业在应对市场营销大环境的变化时，可以采取协调性的措施，来适应这种变化，协调性的措施要求企业自身可以利用潜在的能力，来化解市场营销环境变化给企业造成的影响。这种措施可以使企业的营销策略与市场要求的策略保持一致，不会因为无法适应大环境的变化而给自身带来经济损失，同时使企业的产品销售保持在平衡的状态。协调性的措施是非常灵活的，一旦使用不当会给企业带来相反的效果，不仅不能有效抵抗市场营销环境变化带来的影响，还会使自身的营销策略乱了阵脚。所以，在运用协调性措施时要做到：其一，保持企业原本的营销市场不减少，确保营销的顺利进行；其二，从企业整体的发展情况分析，确保不会有明显的损失；其三，市场营销环境的改变，不会影响到企业长期发展的战略目标。只有做到这三点，才能使企业游刃有余地面对市场营销环境的变化，保持企业经济收入平衡增长。

2.采取抵制性的措施

企业可以采取抵制性的措施，来面对市场营销环境变化带来的考验，抵制措施使企业可以有效地避免不利因素对企业发展带来的影响，给企业带来有效的保护。企业可以通过高效、合法的方式，来抵制政府相关部门的限制，或通过民主的方式来改变一些不合理的法律条款规定，利用这种正当的手段来维护自己的合法权益。当然，可以做到这种抵制措施的企业，需要非常雄厚的资金支持以及可以依靠的社会背景，这就说明，企业的不断壮大发展是保障其维权的基础。在所有的维权行动中，需要注意的地方：其一，一定要符合法律的要求，不能有违法乱纪现象的出现；其二，要符合人民的意愿，不能在人民群众的心中留下恶劣的影响；其三，不能影响到企业的正常经营。这三点是抵制性措施实行的基础，企业一定要按照相关的要求，去维护自己的权利不受到侵害。

3.采取多元化的措施

多元化的措施要求企业在面对不利因素的影响时，对受到市场质疑的产品采取暂时或永久停产的措施，也可以重新定位自己在市场中的营销方式，将资金投入有营销潜力的产品当中。这种多元化的营销措施，可以使企业在市场营销环境改变的情况下，增加销售的途径和方法，保障产品的正常销售，避免给企业带来经济损失，也可以使企业更好地适应营销市场环境的变化。

（二）在微观市场营销变化中采取的措施

1.采取同步性的措施

企业在适应市场营销环境的变化时，也可以通过对微观市场的调整来更好地处理营销方式，其中采取同步性的措施，要求当企业面临其他企业的竞争时，如果本企业的发展已经处于众多企业之间的领先地位，则保持这种优胜的地位就可以，如果本企业的发展在竞争企业的发展之下，就要求本企业应该采取有效的措施来提高自己的地位。这种同步性的措施，可以使企业迎合众多企业的发展，与其他企业的发展保持在一个同步的水平，不会因为自身的出众而引来别人的攻击，也可以通过竞争来超越别的企业，激发了本企业的潜能。

2.采取开发性的措施

企业采取开发性的措施来应对营销产业的变化时，可以有效地应对顾客的投诉问题，通过顾客对现有产品反映出的情况，企业可以明确知道自己的不足，并会制定出有效的措施来弥补，这为企业的发展提供了更多的机会。这种开发性的措施，可以在微观上改变企业的发展结构，使其不断进步，可以更好地适应市场营销环境的变化。同时，企业要对客户不满意的产品进行革新，或者开发出新的产品，在开发新产品的阶段中，如果需要投入大量的资金并且需要更高技术的人员，企业应该在产品的开发阶段就把这些信息透露给消费者，提高他们对产品的兴趣，也可以使消费者更加全面地了解产品，是提高企业经济效益的重要措施。

3.采取改变性的措施

当企业采取改变性的措施来面对市场营销环境的变化时，要求企业面对市场对产品的淘汰时，不可以放弃这部分产品的经营权，而是应该采取相应的改变措施，来缓解这种现象。为了使采取的措施挽回产品在消费者心里的形象，以及恢复产品的销售情况，减少企业的损失，企业可以增加产品的宣传，在当地开展一些促销活动，降低产品的价格。这种改变营销策略的方式，提高了产品的销量，同时也保障了企业的经济效益不受损害。

4.采取适应性的措施

企业产品在销售过程中，一定会有不同经济水平的消费者来购买，这时就需要企业能够很好地适应这种情况，把产品的价位设置在不同的区间，从而可以满足大多数消费者的购买意愿。当然，这种营销的措施不适合企业的所有产品，有些产品的价格定位需符合其本身价值，如果促销活动卖出较低的价格对于企业来说不会产生盈利，那么这种情况下适应性的措施就不能被应用。

（三）企业要不断加强对产品的创新并提高服务的水平

1.对核心产品的创新

对于企业来说，核心产品是给企业带来经济效益的重要产品，消费者的需求不断增加，原本产品的性能已经无法满足人们的需求，所以，企业要对核心产品进行创新，在稳固自己市场中已有的性能基础上，增加其他方面的性能，通过这种创新的形式，可以增加核心产品在市场中的竞争力。

2.创新产品的形式

目前，我国社会经济发展的速度非常迅速，人们的生活水平不断提高，无论是科技产品还是日常生活必备的产品，淘汰的速度都很快，这就减少了新产品在市场中销售的时间。各行的企业对于新产品的样式创新也在加强，因此，面对市场营销环境的变化，企业更应加快产品更新换代的速度，不断生产出可以满足消费者需求的高质量产品。形式的创新对于产品的销售非常重要，新的包装可以刺激消费者购买的欲望。比如，近几年我国电子科技产品的销售，都打着"智能"产品的旗号，活跃在市场中，消费者对于这种新兴的技术产品产生了极大的兴趣，使智能科技产品的销售业绩不断提高。产品形式的创新也要结合产品的具体性能和实际的价值，合理地选择包装材料，以起到环保包装的效果。

3.产品性能的创新

很多企业生产的产品，都是延续了原本产品的性能，不能形成独立统一的性能创新体系，使产品的创新不能更好地满足消费者的需求。所以，企业要加大对产品性能的创新，再加大对新产品性能的宣传力度，可以增加消费者对产品的兴趣，也是提高销售量的措施。同时，性能方面的创新，也可以体现出企业的实力，企业要加大产品性能创新的意识，积极借鉴成熟的技术，快速、高效地完成创新过程。

4.提高整体的服务水平

企业在创新产品的过程中，总是会受到成本的制约，想要在有限的资金支持下，大力开展创新工作很有难度，所以，企业可以调整战略方向，把发展的重心放在提高服务水平和产品销售渠道的扩展方面。通过降低成本，刺激更多消费者的购买欲望，保留住企业的客源。近几年，餐饮企业在我国得到了迅速的发展，食品安全事故也时有发生，这使得企业与消费者之间失去了已建立的消费信任关系。为了改善这种状况，企业在加强管理的同时，也要增加与消费者的沟通和互动，把自己的服务落实到每一个细节之处。

在企业的发展过程中，会遇到很多的困难和挑战，市场营销环境的变化，也给企业的产品销售带来了很大的影响。企业在适应这种大环境的变化时，可以从宏观和微观两方面

来应对，灵活多变地处理市场的变化。在采取策略解决企业经营的困难时，也要根据国家的相关要求，不可以出现违反法律规定的行为。市场营销环境的变化对于企业发展来说也起着推动的作用，通过市场大环境的淘汰可以使企业充分发现自身经营的不足，消费者对产品提出的意见，加大了企业的创新力度，完善了产品的性能，使企业创新的产品可以更好地满足消费者的要求，从而给企业带来更大的经济效益。所以，市场营销环境的变化促进了我国企业之间的进步。竞争淘汰的方式，提高了我国企业的综合水平，是提高我国综合经济实力的重要措施。

第二节　市场环境分析与SWOT分析法

SWOT分析方法是一种企业战略分析方法，即根据企业自身的既定内在条件进行分析，找出企业的优势、劣势及核心竞争力之所在。其中，S代表strength（优势），W代表weakness（弱势），O代表opportunity（机会），T代表threat（威胁），其中，S、W是内部因素。O、T是外部因素。按照企业竞争战略的完整概念，战略应是一个企业"能够做的"（组织的强项和弱项）和"可能做的"（即环境的机会和威胁）之间的有机组合。

一、SWOT分析法

市场环境是指经营活动所处的社会经济环境中企业不可控制的因素。任何组织的经营，实际上是不断在其内、外部环境及经营目标三者之间寻求动态平衡的过程。因此，对比分析外部环境中存在的机会和威胁与组织内部的优势和劣势，以便充分发挥组织的优势，把握住外部的机会，避开内部的劣势和外部的威胁。最常用的内、外部环境综合分析技术就是SWOT分析法。

（一）SWOT 模型的要素

1.机会与威胁分析（OT）

环境发展趋势分为两大类：一类表示环境威胁，另一类表示环境机会。环境威胁指的

是环境中一种不利的发展趋势所形成的挑战，如果不采取果断的战略行为，这种不利趋势将导致公司的竞争地位被削弱。环境机会就是对公司行为富有吸引力的领域，在这一领域中，该公司将拥有竞争优势。对环境的分析也可以有不同的角度，比如，一种简明扼要的方法就是PEST分析，另外一种比较常见的方法就是波特的五力分析。

2.优势与劣势分析（SW）

当两个组织处在同一市场或者说他们都有能力向同一顾客群体提供产品和服务时，如果其中一个组织有更高的盈利率或盈利潜力，那么，我们就认为这个组织比另外一个组织更具有竞争优势。竞争优势可以指消费者眼中一个组织或它的产品有别于其竞争对手的任何优越的东西，它可以是产品线的宽度、产品的大小、质量、可靠性、适用性、风格和形象以及服务的及时、态度的热情等。

在市场经济日益发达的今天，质量对于一个企业的重要性越来越大，产品质量的高低是企业有没有核心竞争力的体现之一，提高产品质量是保证企业占有市场，从而能够持续经营的重要手段，一个企业想做大做强，在增强创新能力的基础上，努力提高产品和服务的质量水平是重要的辅助手段。企业团队以服务质量为中心，在保证产品质量的同时，采取跟踪服务，做好售后服务，力图打造以产品质量和服务为目标的"品牌"形象。

企业文化能对企业整体和企业成员的价值及行为取向起引导作用。具体表现在两个方面：一是对企业成员个体的思想和行为起导向作用；二是对企业整体的价值取向和经营管理起导向作用。一个企业的企业文化一旦形成，它就建立起了自身系统的价值和规范标准，如果企业成员的价值和行为的取向与企业文化的系统标准产生悖逆现象，企业文化会进行纠正并将其引导到企业的价值观和规范标准上来。在不同国家、民族和地区之间，文化之间的区别要比其他生理特征更为深刻，它决定着人们独特的生活方式和行为规范。文化环境不仅建立了人们日常行为的准则，也形成了不同国家和地区市场消费者的态度和购买动机的取向模式。

（二）SWOT分析矩阵

组织按照这种方法分析自身的优势和劣势，分析外界的机会和威胁，把环境分析结果归结为SO、WO、ST和WT四种战略，形成环境分析矩阵。

SO战略（优势+机会，具有杠杆效果）。杠杆效应产生于内部优势与外部机会相互一致和适应时。在这种情况下，组织可以用自身内部优势撬起外部机会，使机会与优势充分结合发挥出来。然而，机会往往是稍纵即逝的，因此组织必须敏锐地捕捉机会，把握时机，以寻求更大的发展。

WO战略（劣势+机会，具有抑制性）。抑制性意味着妨碍、组织、影响与控制。当环境提供的机会与组织内部资源优势不相适合，或者不能相互重叠时，组织的优势再大也将得不到发挥。在这种情况下，组织就需要提供和追加某种资源，以促进内部资源劣势向优势方面转化，从而迎合或适应外部机会。

ST战略（优势+威胁，具有脆弱性）。脆弱性意味着优势的程度或强度的降低、减少。当环境状况对公司优势构成威胁时，优势将得不到充分发挥，出现优势不优的脆弱局面。在这种情况下，组织必须克服威胁，以发挥优势。

WT战略（劣势+威胁，具有问题性）。当组织内部劣势与组织外部威胁相遇时，组织就面临着严峻挑战，如果处理不当，可能直接威胁到组织的生死存亡。

二、SWOT分析法应用案例

（一）中国电信的 SWOT 分析

近年来，中国电信的新闻热点、焦点不断。比如，中国电信资费的调整、南北大分拆以及其将面临入世挑战等，都让人们瞩目。在新的一年里，中国电信又将上演一场"与狼共舞"的惊险剧目。面对激烈的市场竞争，对中国电信进行SWOT分析，也许能让大家对中国电信未来的发展有一个清醒的、客观的认识。

1.中国电信的优势和劣势分析

①中国电信的优势分析。自20世纪80年代中期起，中国电信经历了近20年的高速发展，已经形成了规模效益。尽管其间经历了邮电分营、政企分开、移动寻呼剥离、分拆重组等一系列的改革，但在中国的电信业市场上，中国电信仍具有较强的竞争和发展优势。主要表现在客户资源、网络基础设施、人才储备、服务质量等方面：

a.中国电信市场引入竞争机制后，即与当时的中国移动、中国联通、中国网通等运营商展开激烈竞争。中国电信南北分拆后，在保留原有大部分固定电话网和数据通信业务的同时，继承了绝大部分的客户资源、保持良好的客户关系，在市场上占领了绝对的优势。1.79亿的固定电话用户，1 500多万的数据通信用户，为中国电信发展业务，增加收入奠定了良好的基础。

b.中国电信基础网络设施比较完善。改革开放40多年来，中国电信已建成了覆盖全国、以光缆为主、卫星和微波为辅的高速率、大容量、具有一定规模、技术先进的基础传输网、接入网、交换网、数据通信网和智能网等。同时DWDM传输网、宽带接入网相继

建设，数据通信网络和智能网也在不断扩容。中国电信的网络优势已经成为当前企业发展的核心能力，同时具备了向相关专业延伸的基础和实力。

c.中国电信在发展过程中培养和储备了一大批了解本地市场、熟悉通信设备、技术能力较强、结构合理的管理和专业人才。同时，中国电信还积累了大量丰富的运营管理经验，拥有长期积累的网络管理经验、良好的运营技能和较为完善的服务系统。

d.中国电信日趋完善的服务质量。首先，中国电信成立了集团客户服务中心，为跨省市的集团客户解决进网需求；其次，建立了一点受理、一站购齐的服务体系，最大限度地方便用户；再次，推出了首问负责制，解决了企业在向用户提供服务过程中的相互推诿的问题；最后，设立了服务热线（10 000）、投诉热线（180）等，建立了与用户之间的沟通服务，提供互动式服务。

②中国电信的劣势分析。虽然中国电信具有一定的发展优势，但我们应该辩证地看待这些优势。辩证法告诉我们，优势和劣势都是相对的，即在一定的条件下，优势很可能就转变成劣势。中国电信虽然拥有丰富的客户资源、完善的网络设施以及大量的储备人才，但缺乏现代企业发展所必需的战略观念、创新观念、人力资源开发管理、人文环境建设以及与此相适应的市场制度环境。业内人士认为，中国电信拥有资源优势，却缺乏资源运作优势，一旦运用不慎，优势很可能就转变成劣势。目前，中国电信的劣势主要表现在以下几方面。

a.企业战略管理与发展的矛盾。一方面，企业决策层只重视当前战术和策略，忽视长远战略，湮没在日常经营性事物中，不能统观大局；另一方面，企业缺乏应对复杂多变环境的企业运作战略策划人才，这个问题是当前实现企业持续发展、保持长久竞争优势的核心问题。

b.企业内部创新与发展的矛盾。面向计划经济的职能化业务流程、管理模式、组织模式已经呈现出与快速发展的不适应，并逐步成为制约电信企业参与全球化竞争的主要因素。ERP、管理和组织模式的改革创新以及企业特色人文环境的建设是实施企业发展战略应考虑的焦点问题。

c.中国电信现有的基础设施不能为用户提供特色服务。中国电信虽然拥有比较完善的网络基础设施，但这大多不是根据市场的实际需要建设的，而是为了满足普遍服务的需要。

d.拆分让中国电信由主体电信企业降级到一个区域性的电信企业。于是，新中国电信的主要阵地将固守在南方市场，而北方市场将由新中国网通占领。即使受到拆分影响，但中国电信的实力仍然最强，只是苦于无全国网络，无法开展全国性的业务。

2.中国电信的机会和威胁分析

①中国电信的机会。我国国民经济的快速发展以及加入WTO，将为我国的信息化建设和通信发展提供前所未有的发展机遇。同时也为中国电信提供了巨大的机会，主要表现为：

a.国民经济的持续快速发展，形成了潜力巨大的市场需求，为中国电信提供了更大的发展空间。把本地有优势的资源进行重新配置所带来的巨大收益将进一步增强当地经济实力。而且入世将推动外资的引进和内需的拉动。入世后各地将极大改善投资环境，法律透明度提高和国民待遇的实现将吸引大量外来资本，本地企业实力将得到提高和增强。企业电信消费水平随之提高。劳动力市场结构的调整和转移必然带来社会人员的大量流动，同时拉动巨大的通信需求，话务市场将进一步激活。

b.电信业法律法规不断健全完善，电信业将进入依法管理的新阶段，为中国电信的发展创造了公平、有序的竞争环境。随着电信业法制的健全，政府的经济职能将发生根本的转变，政府会把企业的投资决策权和生产经营权交给企业，让企业经受市场经济的考验。这意味着政府将给中国电信进一步松绑，给予应有的自主权，有利于中国电信按市场经济规律运作。

c.中国政府大力推进国民经济和社会信息化的战略决策，为中国电信的发展创造了历史性的机会。"三大上网工程"（政府上网、企业上网、家庭上网）造就了我国消费能力强劲的信息产业市场，为我国信息产业市场创造良好环境的同时，使我国成为全球最大的信息产业市场之一。

d.中国加入WTO后电信市场逐步对外开放，将加快企业的国际化进程，有利于企业的经营管理、运作机制、人才培养及与国际接轨。同时可促进中国电信借鉴国外公司的管理经验，积极地推进思维、技术、体制创新，提高产品档次，降低成本，完善服务质量，改进营销策略，增强核心竞争力。

e.电信市场潜力巨大。首先，我国经济发展不平衡，地区之间、消费层次之间的差异决定了电信需求的多层次和多样化，而通信技术的飞速发展，促进电信企业的网络升级换代和业务的推陈出新，在固定电话网与计算机通信的融合点上开发新业务潜力巨大，激发出新的消费需求。因而，从总体上看，我国电信市场孕育着巨大的需求潜力。其次，从固定电话看，中国电信平均主线普及率只有13.8%，远低于发达国家平均水平。主线收入、盈利水平和市场规模也与发达国家平均水平相差甚远，发展的空间和潜力仍旧巨大。最后，从中国电信的其他业务看，互联网和固网、智能网业务的市场规模和盈利能力将随着企业外部环境层次的提高不断扩大。

f.移动牌照的发放。信息产业部原部长吴基传曾经在公众场合说过，中国将拥有四个综合电信运营商，他们能够经营固定、移动、数据和其他各种基础电信业务，这意味着将再发两张移动牌照。目前，移动通信领域是潜力最大，也是竞争最激烈的通信领域，将成为各电信企业的必争之地。一旦中国电信拿到了移动牌照，那么移动领域将是中国电信的又一主营业务。

②中国电信的威胁。正所谓机会与威胁同在。任何事物的影响都是相对的，中国电信在迎接巨大机会的同时也将面临巨大的威胁，具体表现在以下几个方面：

a.电信市场竞争格局由局部转向全面，由简单转向多元。首先，在竞争趋势方面，国内市场竞争将由价格竞争向核心能力创新竞争过渡。在过渡期间，市场份额的抢夺将成为市场跟随者的发展重点。其次，入世后的国际资本竞争压力也将逐步增大。国外电信运营商将通过兼并、联合和收购等方式实现全球服务化的速度不断加快。中国电信市场的ICP、e-mail、数据库、传真、视频会议等增值业务首当其冲，对电信企业的稳定增长产生影响。

b.中国电信人才流失较为严重。国内外许多公司采用高薪、高福利等政策吸引中国电信人才，造成中国电信人才严重流失，这一现象至今仍未得到解决。人才的流动是竞争的必然结果，是关系到中国电信生存发展的关键问题。因此，如何体现人才价值、发挥人才潜能，是中国电信必须正视的一个问题。

c.非对称管制对中国电信的影响。中国电信在经营许可、互联互通、电信资费、电信普遍服务等方面受到相对严格的行业管制。在目前的中国电信市场上，管制的不平等已经制约了中国电信的发展，在日趋激烈的电信市场竞争形势下，不尽快进行改革，中国电信只有一死。新中国电信公司不久后也将通过上市进行机制转换，实现与中国联通、中国移动相同的机制平台，从而开展有效的公平竞争。

（二）某炼油厂SWOT分析

某炼油厂是我国最大的炼油厂之一，至今已有50多年的历史。目前已成为具有730万吨/年原油加工能力，能生产120多种石油化工产品的燃料—润滑油—化工原料型的综合性炼油厂。该厂有6种产品获国家金质奖，6种产品获国家银质将，48种产品获114项优质产品证书，1989年获国家质量管理奖，1995年8月通过国际GB/T 19002-ISO 9002质量体系认证，成为我国炼油行业首家获此殊荣的企业。

该厂研究开发能力比较强，能以自己的基础油研制生产各种类型的润滑油。当年德国大众的桑塔纳落户上海，它的发动机油需要用昂贵的外汇进口。1985年厂属研究所接到研

制桑塔纳配套用油任务后，立即进行调研，建立实验室。在短短的一年时间内，成功地研究出符合德国大众公司标准的油品，拿到了桑塔纳配套用油的认可证，1988年开始投放市场。以后，随着大众公司产品标准的提高，该厂研究所又及时研制出符合标准的新产品，满足了桑塔纳、奥迪和全国特约维修点及市场的用油。

但是，该炼油厂作为一个生产型的国有老厂，在传统体制下，产品的生产、销售都由国家统一配置，负责销售的人员只不过是做些记账、统账之类的工作，没有真正做到面向市场。在向市场经济转轨的过程中，作为支柱型产业的大中型企业，主要产品在一定程度上仍受到国家的宏观调控，在产品营销方面难以适应竞争激烈的市场。该厂负责市场销售工作的只有30多人，专门负责润滑油销售的就更少了。

上海市的小包装润滑油市场每年约2.5万吨，其中进口油占65%以上，国产油处于劣势地位。之所以造成这种局面，原因是多方面的：一方面，在产品宣传上，进口油全方位大规模的广告攻势可谓是细致入微。到处可见有关进口油的灯箱、广告牌，出租车后窗玻璃，代销点柜台和加油站墙壁上的宣传招贴画，还有电台、电视台和报纸广告和新闻发布会，有奖促销、赠送现场，等等。而国产油在这方面的表现则是苍白无力，难以应对。另一方面，该厂油品过去大多是大桶散装，大批量从厂里直接售卖了，供应大企业大机构，而很少以小包装上市，加上销售点又少，使一般用户难以买到经济实惠的国产油，而只好使用昂贵的进口油。

根据该炼油厂的上述情况，我们可以利用SWOT方法进行分析。根据分析结果，为了扭转该炼油厂在市场营销方面的被动局面，应该考虑采取如下措施：制定营销战略；增加营销人员和销售点；增加产品小包装；实施品牌战略；开展送货上门和售后服务；开发研制新产品；继续提高产品质量和降低产品成本；发挥产品质量和价格优势；宣传ISO 9002认证效果；通过研究开发提高竞争能力。

（三）SWOT分析模型在战略形成中的应用研究

SWOT分析代表企业优势（strength）、劣势（weakness）、机会（opportunity）和威胁（threat）。因此，SWOT分析实际上是将对企业内外部条件各方面内容进行综合和概括，进而分析组织的优劣势、面临的机会和威胁的一种方法。SWOT分析法是一种最常用的企业内外部环境条件战略因素综合分析方法。

SWOT矩阵能帮助企业的经理们识别和制定四种战略：SO战略（优势——机会战略）、WO战略（劣势——机会战略）、ST战略（优势——威胁战略）和WT战略（弱势——威胁战略）。规划企业SWOT分析最难之处就在于将外部环境和内部条件结合起来

分析，这不仅需要扎实的理论功底和丰富的实践经验，还需要战略的直觉判断且不遵循固定模式。

1.优势与劣势分析（SW）

竞争优势可以指消费者眼中一个企业或它的产品有别于其竞争对手的任何优越的东西，它可以是产品线的宽度、产品的大小，质量、可靠性、适用性，风格和形象以及服务的及时、态度的热情等。虽然竞争优势实际上指的是一个企业比其竞争对手有较强的综合优势，但是明确企业究竟在哪一个方面具有优势更有意义，因为只有这样，才可以扬长避短，或者以实击虚。

由于企业是一个整体，并且由于竞争优势来源的广泛性，所以，在做优劣势分析时必须从整个价值链的每个环节上，将企业与竞争对手做详细的对比。如产品是否新颖，制造工艺是否复杂、销售渠道是否畅通，以及价格是否具有竞争性等。如果一个企业在某一方面或几个方面的优势正是该行业企业应具备的关键成功要素，那么，该企业的综合竞争优势也许就强一些。需要指出的是，衡量一个企业及其产品是否具有竞争优势，只能站在现有潜在用户角度上，而不是站在企业的角度上。

企业在维持竞争优势过程中，必须深刻认识自身的资源和能力，采取适当的措施。因为一个企业一旦在某一方面具有了竞争优势，势必会吸引到竞争对手的注意。一般地说，企业经过一段时期的努力，建立起某种竞争优势；然后就处于维持这种竞争优势的态势，竞争对手开始逐渐做出反应；而后，如果竞争对手直接进攻企业的优势所在，或采取其他更为有力的策略，就会使这种优势受到削弱。而影响企业竞争优势的持续时间，主要是三个关键因素：其一，建立这种优势要多长时间；其二，能够获得的优势有多大；其三，竞争对手做出有力反应需要多长时间。如果企业分析清楚了这三个因素，就会明确自己在建立和维持竞争优势中的地位了。

2.机会与威胁分析（OT）

随着经济、社会、科技等诸多方面的迅速发展，特别是世界经济全球化、一体化过程的加快，全球信息网络的建立和消费需求的多样化，企业所处的环境更为开放和动荡，这些变化几乎对所有企业都产生了深刻的影响。正因如此，环境分析成为一种日益重要的企业职能。

环境发展趋势分为两大类：一类表示环境威胁，另一类表示环境机会。环境威胁指的是环境中一种不利的发展趋势所形成的挑战，如果不采取果断的战略行为，这种不利趋势将导致公司的竞争地位受到削弱。环境机会就是对公司行为富有吸引力的领域，在这一领域中，该公司将拥有竞争优势。

对环境的分析也可以有不同的角度。比如，一种简明扼要的方法就是PEST分析：即从政治（法律）的、经济的、社会文化的和技术的角度分析环境变化对本企业的影响。政治（法律）的：垄断法律；环境保护法；税法；对外贸易规定；劳动法；政府稳定性。经济的：经济周期；GNP趋势；利率；货币供给；通货膨胀；失业率；可支配收入；能源供给；成本。社会文化的：人口统计收入分配；社会稳定；生活方式的变化；教育水平；消费。技术的：政府对研究的投入；政府和行业对技术的重视；新技术的发明和进展；技术传播的速度；折旧和报废速度。

哈佛大学教授迈克尔·波特的名著《竞争战略》中，提出了一种结构化的环境分析方法，有时也被称为"五力分析"。他选取的五种环境要素是，产业新进入的威胁：进入本行业有哪些壁垒？它们阻碍新进入者的作用有多大？本企业怎样确定自己的地位（自己进入或者阻止对手进入）。

供货商的议价能力：供货商的品牌或价格特色，供货商的战略中本企业的地位，供货商之间的关系，从供货商之间转移的成本等，都影响企业与供货商的关系及其竞争优势。买方的议价能力：本企业的部件或原材料产品占买方成本的比例，各买方之间是否有联合的危险、本企业与买方是否具有战略合作关系等。替代品的威胁：替代品限定了公司产品的最高价。替代品对公司不仅有威胁，可能也带来机会。企业必须分析，替代品给公司的产品或服务带来的是"灭顶之灾"呢，还是提供了更高的利润或价值；购买者转而购买替代品的转移成本，公司可以采取什么措施来降低成本或增加附加值来降低消费者购买替代品的风险？现有企业的竞争：行业内竞争者的均衡程度、增长速度、固定成本比例、本行业产品或服务的差异化程度、退出壁垒等，决定了一个行业内的竞争激烈程度。

显然，最危险的环境是进入壁垒、存在替代品、由供货商或买方控制、行业内竞争激烈的产业环境。皇冠公司是一家中美合资企业，主要业务是装配及销售中小型压编机和制冷机组。公司有大约60名员工，其中总经理为澳大利亚人，在中国居住已长达8年之久，市场销售部由1名总监、两名地区经理、5名销售工程师以及两名技术工程师组成。皇冠的客户主要是OEM厂商及经销商，每位销售人员都要与直接用户和经销商打交道。为此，皇冠公司管理层马上就要召开管理会议，探讨下一步的工作重点，最后讨论得出的结果有多种。

一种认为：首先，将团队组织架构及执行力作为主要考虑因素，认为公司的主要问题在于人力资源方面：由于管理层缺乏经验，造成了部门员工的职责不清，责任感不强，战斗意志较弱等问题，所以加强员工组织建设应是首要工作。因此他们提出，皇冠公司在战

略上首先要增加人力资源部门的人手，加强对销售队伍的管理；其次，要建立强大的售后服务队伍，在得到客户反馈信息后及时反应；最后，增加分销渠道。在战术上，公司则需要加强零配件库存管理，让管理层持股以强化激励机制。

另一种则认为：强调保持品牌优势的必要性，他们从市场、管理和竞争三个方面进行考虑，并制定了相应的战术：首先是用三个月的时间进行人员培训和团队建设；其次是在主要城市开设办事处，办事处人员以内部培养为主，再利用一个月的时间制订经销商管理方案；最后用两个月时间进行竞争对手调查，成立专门针对中西部地区的技术支持小组。他们的分析结果为：strength（强项），公司总体目标及战略清晰；产品线95%齐全；产品质量高，市场认可度高；价格战略被市场接受；库存齐全。最后是weakness（弱项），缺少管理人员落实战略；管理人员缺少经验、能力；上海办尚无经理，此外技术工程师、分销人员不足；团队精神差，缺少沟通，职责不清楚；各自推卸责任；零配件不全，影响售后服务；经营网络、客户网络零散；宣传促销少，市场运作差；销售人员积极性差，工作不认真。opportunity（机会），市场潜力大；国内经济状况好。threat（威胁），竞争对手经销网络齐全，销售额理想；竞争对手市场宣传力度大，经常搞产品讲座及展会；竞争对手销售及服务队伍积极主动，本公司广州市场放缓。最后他们的结论是：皇冠公司首先要在北京、上海、广州三地召开大规模的产品发布会，并在杭州及广州各聘用一名销售工程师，在上海聘用一名技术工程师及一名销售经理；其次在北京、上海、广州三个重点区域发展10家经销商，再发展8~10家大OEM厂商。有人说"作为一种分析工具，SWOT本身并没有实用价值，它的价值来自进行SWOT分析之后产生的结果，更来自随后对症下药式的解决方案"。

第三节　购买者行为分析

随着社会的发展，现阶段我国居民的收入水平有了大幅度的提高，购买者需求趋多样化、社会化和个性化以及复杂化。应通过分析购买者的购买心理，有效地抓住和激发顾客的购买心理，成功地将顾客变为客户，把产品推销给消费者，以促进消费。而人的行动往往是心理的表现，心理的需要往往会由行动表现出来，在销售的过程中，如果商家能

够猜测并且准确地掌握顾客的心理需求，就能够很顺利地与顾客完成交易，将商品推销出去。

一、消费者市场与购买者行为分析

（一）消费者的心理特征

包括消费者年龄、性别、兴趣、消费习惯、价值观、性格、气质等方面的特征。

（二）消费者的心理过程

分为七个阶段：产生需求、形成购买动机、收集商品信息，做好购买准备、选择商品、使用商品、对商品使用的评价和反馈。

消费者心理同时受到消费环境、消费引导、消费者购物场所等多个方面因素的影响。商家往往会通过对消费者心理需求的分析和掌握，制定相应的营销策略。

（三）消费心理分析

①根据需求寻找购买目标。

②心理感知所欲购商品是否与需求相符合。

③诱发对预购商品的使用联想。

④与其他商品进行判定与比较。

⑤选择购买。

⑥购后体验与反馈。

（四）消费心理的基本概念

消费心理指消费者进行消费活动时所表现出的心理特征与心理活动的过程。根据消费者的心理特征，大致有四种消费心理，分别是：从众、求异、攀比、求实。

（五）消费心理的主要类型

公众的主要消费心理类型大致有：其一，从俗心理。即入乡随俗，消费行为上的趋同心理，不同地区、不同城市会有不同的消费观念。其二，同步心理。即我们通常所说的攀比心理，相同的社会阶层，在消费行为上有相互学习、相互攀比的倾向。其三，求美心

理。指人们在消费活动中追求美好事物的心理倾向多，希望自己消费的每一件产品都是完美、实在的。其四，求名心理。指某些消费者（大都为有一定的经济基础的消费者）希望借助名牌商品提高自己的社会地位和知名度的心理倾向。其五，求异心理。这是与从俗心理相反的一种心理现象，追求一种与社会流行不同、与时代相悖的消费倾向，比如现在的非主流。其六，好奇心理。指顾客在选择商品时，对样式、使用等的特殊关注。其七，选价心理。指顾客在选择商品时，对价格的特殊关注。这些心理类型并不分属于不同的人，而是不同程度地存在于每一个消费者的心中。当一种产品满足了顾客某一类心理需求时，就会诱发他的购买动机。

（六）消费者的购买动机

购买动机是引导顾客围绕在一定范围内的购买活动，以满足需要的购买意愿和冲动。这种购买意愿和冲动是十分复杂、捉摸不透的心理活动，从其表现来看，可以将消费者的购买动机归纳为两大类。

1.理智动机

①适用。适用即求实心理，是理智动机的基本点，即立足于商品的最基本效用。在适用动机的驱使下，顾客偏重产品的技术性能，而对其外观、价格、品牌等的考虑则在其次。

②经济。经济即求廉心理，在其他条件大体相同的情况下，价格往往成为左右顾客取舍某种商品的关键因素。折扣券、大拍卖之所以能牵动千万人的心，就是因为"求廉"心理。

③可靠。顾客总是希望商品在规定的时间内能正常发挥其使用价值，可靠实质上是"经济"的延伸。名牌商品在激烈的市场竞争中具有优势，就是因为具有上乘的质量。所以，具有远见的企业总是在保证质量的前提下打开产品销路。

④安全。随着科学知识的普及，经济条件的改善，顾客对自我保护和环境保护意识增强，对产品安全性的考虑越来越多地成为顾客选购某一商品的动机。"绿色产品"具有十分广阔的前景，就是适合这一购买动机来促进销售。

⑤使用方便。省力省事无疑是人们的一种自然需求。商品，尤其是技术复杂的商品，使用快捷方便，将会更多地受到消费者的青睐。带遥控的电视机，只须按一下的"傻瓜"照相机以及许多一次性商品走向市场并受到欢迎，正是迎合了消费者的这一购买动机。

⑥售后服务。产品质量好，是一个整体形象。对多数消费者而言，花一笔不小积蓄购买高档耐用消费品，即使就是享誉世界的名牌产品也不能完全消除心理上的顾虑感。因

而，有无良好的售后服务往往成为左右顾客购买行为的砝码。为此，提供详尽的说明书，进行现场指导，及时提供免费维修，实行产品质量保险等都成为企业争夺顾客的手段。

2.感情动机

①好奇心理。好奇是一种普遍的社会现象，没有有无之分，只有程度之别。一些人专门追求新奇，赶时髦，总是充当先锋消费者，至于是否经济实惠，一般不大考虑，诸如，魔方、跳跳糖、电动牙具等能在市场上风靡一时就是迎合了人们这一心理。

②炫耀心理。这多见于功成名就、收入颇丰的高收入阶层，也见于其他收入阶层中的少数人，在他们看来，购物不光是适用、适中，还要表现个人的财力和欣赏水平。他们是消费者中的尖端消费群体。购买倾向于高档化、名贵化、复古化，几十万乃至上百万美元的轿车，上万美元的手表等的生产正是迎合了这一心理。

③攀比心理。攀比，社会学家称为"比照集团行为"。有这种行为的人，照搬他希望跻身的那个社会集团的习惯和生活方式。人家有了大屏幕彩色电视机、摄像机、金首饰，自家没有，就浑身上下不舒服，不管是否需要，是否划算，也要购买。

④从众心理。作为社会的人，总是生活在一定的社会圈子中，有一种希望与他应归属的圈子同步的趋向，不愿突出，也不想落伍。受这种心理支配的消费者构成后随消费者群。这是一个相当大的顾客群。研究表明，当某种耐用消费品的家庭拥有率达到40%后，将会产生该消费品的消费热潮。

⑤崇外心理。一些讲摩登的人盲目崇拜外国货，只要是舶来品就买，一些家用电器生产厂，尽管绝大部分甚至全部采用了国产件，仍沿用进口散件的牌子在国内销售。有的企业在产品或包装上全用外文，或者只用拼音字母而不注一个汉字，在国内销售，进行不正当竞争，就是利用这种崇外心理。

（七）消费心理在各类人群年龄段及性别的表现

据中国人民大学舆论研究所参与完成的调查统计显示，各类人群年龄段及性别有如下心理特点。

①少年的消费心理。追求时尚与新颖，追求个性，善于表现自我，注重感情，具有容易冲动的消费心理。

②对于中年人的消费心理。由于中年人心智已成熟，所以讲究计划性，又有理智性、注重实用性的心理特征。

③老年人的消费心理。年龄越大手越紧：40岁以上年龄段消费者花钱都"比较仔细"，并且表现为年龄越大越仔细。其中60岁以上的消费者近乎"特别仔细"。

④女性的消费心理。女性花钱爱计算：女性中花钱特别仔细的占12.4%，比较仔细的占49.8%，花钱不太仔细的占20.7%，花钱很不仔细的占2.9%，不一定的占14.2%。

（八）消费者职业和身份特征分析

学历越高，职位越高，花钱越不仔细：一般来说，大专以上学历的人们消费比较"大方"，而高中文化程度及以下的群体消费特征为"比较仔细"。花钱最细的要数离休人员，然后依次是农民、军人、企业职工、科教文卫人员。花钱相对最不仔细的是私营业主、个体劳动者、企业管理人员、高校学生。

（九）当代消费者心理变化特征

当今企业正面临前所未有的激烈竞争，市场正由卖方市场向买方市场转变，消费者主导的营销时代已经来临。在买方市场上，消费者将面对更为纷繁复杂的商品和品牌选择，这一变化使当代消费者心理与以往相比，呈现新的特点。

1.个性消费的复归

之所以称为"复归"，是因为在过去相当长的一个历史时期内，工商业都是将消费者作为单独个体进行服务的。在这一时期内，个性消费是主流。只是到了近代，工业化和标准化的生产方式才使消费者的个性被淹没于大量低成本、单一化的产品洪流之中。另外，在短缺经济或近乎垄断的市场中，消费者可以挑选的产品本来就很少，因而个性不得不被压抑。但当消费品市场发展到今天，多数产品无论在数量还是品种上都已极为丰富，现实条件已初步具备。消费者能够以个人心理愿望为基础挑选和购买商品或服务。更进一步，他们不仅能做出选择，而且渴望选择。他们的需求更多了，变化也更多了。逐渐地，消费者开始制定自己的准则，他们不惧怕向商家提出挑战，这在过去是不可想象的。用精神分析学派的观点考察，消费者所选择的已不单是商品的使用价值，还包括其他的"延伸物"，这些"延伸物"及其组合可能各不相同。因而从理论上看，没有一个消费者的心理是完全一样的，每个消费者都是一个细分市场。心理上的认同感已成为消费者做出购买品牌和产品决策时的先决条件，个性化消费正在也必将再度成为消费的主流。

2.消费主动性增强

在社会分工日益细化和专业化的趋势下，即使在许多日常生活用品的购买中，大多数消费者也缺乏足够的专业知识对产品进行鉴别和评估，但他们对于获取与商品有关的信息和知识的心理需求却并未因此消失，反而日益增强。这是因为消费者对购买的风险感随选择的增多而上升，而且对单向的"填鸭式"营销沟通感到厌倦和不信任。尤其在一大件耐

用消费品的购买上，消费者会主动通过各种可能的途径获取与商品有关的信息并进行分析比较。这些分析也许不够充分和准确，但消费者却可从中获得心理上的平衡，减低风险感和购后产生后悔感的可能，增加对产品的信任和争取心理上的满足感。消费主动性的增强来源于现代社会不确定性的增加和人类追求心理稳定和平衡的欲望，而且人天生就有很强的求知欲。

3.对购买方便性的需求与对购物乐趣的追求并存

一部分工作压力较大，紧张度高的消费者会以购物的方便性为目标，尽量追求时间和劳动成本的节省，特别是对于需求和品牌选择都相对稳定的日常消费品，这点尤为突出。然而另一些消费者则恰恰相反，由于劳动生产率的提高，人们可供支配的时间增加。一些人希望通过购物来消耗时间，寻求生活的乐趣，保持与社会的联系，减少心理孤单。他们愿意花大量的时间和体力来进行购物，前提是能给他们带来乐趣。因此，这两种心理将是今后较长时间商家要考虑的消费心理。

（十）消费者行为学在我国的应用

消费者行为学是20世纪80年代中期从西方引入我国的。实践证明，在我国发展社会主义市场经济的过程中，研究消费者的心理和行为有极其重要的意义：

①加强和提高经济决策水平，促进国民经济协调发展。

②有助于商家根据消费者的需求变化，制定销售策略，增强市场竞争力。

③有助于消费者提高自身素质，科学地进行个人消费策略，改善消费行为，实现文明消费。

商家的销售实践中面对的顾客是各种各样的，消费心理也是各不相同的，因此，在销售过程中，就需要商家根据不同的顾客采取不同的营销方式和策略，这样才会收到事半功倍的效果，同时也是节约营销资源的有效途径。另外，商家应该花一点时间来对自己的顾客进行分类，并根据不同的顾客制定不同的营销策略。

二、购买行为分析案例

随着新的医疗保险办法的实施，药品分类管理办法的出台，非处方药品目录的公布，病人自主治疗意愿的增加，大量零售药店出现了，消费者从公开渠道及充足货源里购买非处方药物的机会大大增加，药品零售额快速增长，非处方药市场充满机遇。越来越多的制药企业进入零售市场，希望通过广告和促销，建立自己的非处方药品牌，获得经济效益。

在这一领域获得成功的关键是公司直接向消费者进行营销的能力，即制定有效的非处方药市场营销策略并付诸实施的能力。而市场营销策略的制定，必须建立在研究消费者市场和消费者行为的基础之上。消费者市场需要研究：谁是购买者；购买对象；购买目的；购买行为；购买时间和购买地点。购买者行为需要研究：购买者行为受哪些因素影响？消费者是怎样做出决策的？

（一）非处方药消费者市场

OTC（OTC是Over The Counter的缩写，在医药行业术语中特指非处方药）消费者市场要研究的内容包括：

1.非处方药的购买者是谁（什么样的人构成某产品的购买市场？）

OTC药品的概念和特点决定了OTC药品的购买者是成年人：有一定的疾病判断能力，能较为准确地判断病的类别和病情严重程度，有一定的药品使用经验；在经济上有一定的来源，可以自主支配药品费用；文化程度高的人和医疗保健意识更强的人；工作节奏快的人。

2.该市场顾客购买什么样的OTC药品（目前消费者市场需要什么样的产品？）

消费者购买OTC药品因为治疗的疾病类别、制造商、品牌、价位、剂型、包装等的不同而存在区别；还因为是否进入医疗保险报销目录而不同。消费者对一个产品的把握一般有三方面的知识：有关产品属性和特征的知识，使用产品的积极结果或效益，有助于消费者满意或达到目的的产品价值。同样，这三方面知识的结合也形成了他们对OTC产品的认识。OTC产品属性：如包装外观、说明书、药品外观及开启的方便性、服用方便性、口感等。OTC产品利益：如疗效、副作用、起效速度及安全性等。OTC产品价值满足：品牌地位进入医疗保险目录对于OTC药的推广很重要，调查显示：当消费者经常使用某种疗效不错的公费药变为自费药时，享受公费医疗的消费者中有近一半人会从公费药中寻找替代药，而不会自费购买这种药，只有近13%的消费者会坚持。目前的非处方药尚未受到公费报销的限制，公费报销品种目录中有不少是非处方药。研究表明，有2/3的非处方药是通过医生处方开出的，从而获得了医疗保险公司的补偿。

3.该市场顾客为何购买（消费者为什么要购买？）

消费者购买OTC药品的原因有以下几点：治疗小病痛；方便；省时；节约费用。99%的消费者表示：他们去药店最主要的原因是得了小毛病，自己能够察觉症状并且判断缓解的程度。所以服用OTC药品是消费者治疗日常小病最常用的方法。患者使用OTC药对自身一些常见的、轻微的小病症进行自我药疗，大大节省了他们去医院排队看病、等待治疗的时间。同时，非处方药的市场销售价格比处方药便宜，因此，消费者可以节约费用。

4.该市场顾客在何时购买（这类人购买某产品的时间）

OTC药品购买方便，无须医生处方就可以很方便地在药店购买。OTC药品一般质量稳定，保质期长，基本在两年以上，用于治疗常见病，多发病，购买量大的话，也不必担心过期变质，所以OTC药品消费者一般有疾病发生时去购买，或者方便时购买、顺便购买。

5.该市场顾客在何地购买（这类人购买某产品的地点）

购买OTC药品可以去：医疗保险定点的医院和药店或者未定点的医院和药店；连锁药店或非连锁药店；有品牌的、服务好的药店或普通的药店；平价药店；连锁药店；社区附近，或者医院的药店。对于享受医疗报销的消费者来说，他们必然选择医疗保险定点的医院或药店购买医疗保险目录中的OTC药品。关注价格的消费者或者购买长期用药的消费者宁愿去平价药房。医院附近的药店能得到更多的外配处方。注重药品质量的消费者更愿意去大型的连锁药店买药，药品质量有保证。

（二）OTC 购买者行为影响因素

影响OTC购买者行为的因素主要有以下几点。

1.文化因素

随着文化水平的提高，保健意识增强，消费者对于预防疾病和身体保健逐渐地重视起来，特别是高收入阶层和中老年人对补充维生素、增强免疫功能、防病强身、改善生活质量的OTC药品的消费支出增加了。现在的中青年女性更舍得购买减肥和养颜的OTC产品。

2.社会因素

消费者OTC购买行为受到一系列社会因素的影响，如消费者的相关群体、家庭和社会角色与地位。一些消费者会因为角色和地位因素，在选择非处方药时考虑品牌和药品档次。儿童和青少年的OTC药品消费主要受家庭中父母的影响，因为父母更有经验，他们在OTC产品的购买和消费方面父母起着决定性作用，一般来说，父母是决策者。他们从父母身上可以学习到一些常见病的诊断和治疗方法。这将影响子女在成人后的OTC消费观念。白领阶层在选购OTC药品时，更倾向于知名品牌和声誉好的公司的产品，如合资药品，更倾向于价位高的药品。

3.个人因素

消费者OTC购买决策也受其个人特征的影响，比如消费者对自己的病情变化的感知、对品牌特征的感知、对其他备选品牌的态度，特别是受其年龄所处的生命周期阶段、职业、经济环境、生活方式，个性和自我概念的影响。成年人、对病情判断力强的人，购买

OTC药的可能性更大些；自我保健和自我药疗意识强的人、工作节奏快的人、不享受医疗费用报销的人，去药店购药的次数更多。许多慢性病患者如高血压、慢性胃炎、糖尿病病人等需要长期服药，这些患者在经过几次医生诊治和处方后，知道了自己的病情，知道该用什么药，这些患者可能会直接去社会零售药店买药。

4.心理因素

我国消费者的认识中，受传统中医药文化的影响，普遍认为中药的毒副作用小，许多中药在预防和保健方面作用显著，比西药更安全；中药在一些慢性病的治疗方面可能比西药更有效；中药的作用也全面，可以从根本上治疗疾病。一般的家庭中都会备有三七伤药片、红花油、健胃消食片等一些中成药。而在起效速度方面，普遍认为西药比中药见效快。

（三）OTC消费者决策

OTC消费者是怎样做出决策的？营销人员必须识别谁做出购买决定及做出购买决定的影响因素，购买者的介入程度和对品牌有效性的数目，确定消费者属于哪一种购买类型。

1.购买的角色

①发起者，是患者，包括儿童、老人、男性、女性患者在内。

②影响者，家人、朋友、医生、药店店员、广告代言人等。

③决策者，指在是否买、为何买、如何买、在哪里买等方面做出完全的或部分的最后决策的人。

④购买者，实际采购人。

⑤使用者，实际消费产品的人。

⑥儿童药品的消费者是儿童，决策者和购买者一般是父母。家庭中，妻子可能帮助丈夫购买保健的OTC药品。

2.购买的行为——与普通消费品购买决策类似

寻求多样化的购买行为和处方药相比，OTC药品具有安全性高、疗效确定、质量稳定、使用方便等特点，所以购买决策过程相对简单，消费者低度介入，显示出与其他日常消费品类似的购买特征。但因为同一治疗类别的非处方药品牌众多，差异较大，表现在功效、价格、包装、公司声誉上的不同，因此，消费者寻求多样化的购买行为。

OTC购买过程由以下步骤组成：问题认识，信息收集，可供选择方案评价，购买决策和购后行为。

（1）问题认识

引起消费者购买OTC产品的环境：可能是疾病发作，产生不适的症状；或者疾病多发

季节的即将到来，提前考虑购买OTC药品，比如夏季来临，购买治疗蚊虫叮咬的OTC药；或者受购药环境影响，比如设在超市药店的产品展示，药店的促销活动等引起非计划购买行为发生。

（2）信息收集

OTC药品消费者信息来源有四种：个人来源，如家庭、朋友、邻居和熟人。商业来源，如广告、推销员、经销商、包装、陈列。公共来源，如大众传播媒体、消费者评审组织。经验来源，如使用产品。这些信息来源有营销人员可以控制的和不能控制的，有来自个人的和非个人的。另外，医生、店员、消费者、家人、朋友都可以传递OTC药品信息，所以在营销策划中要重视他们的作用。

（3）对OTC药品的评价

①评价因素。对OTC药品品牌的评价包括以下因素：功效、安全性、服用方便性、价格、包装、公司声誉等。综合评价高的品牌应该作为购买意图。

②OTC消费决策关注品牌。北京新华信商业风险管理有限责任公司做的1999年度消费者购药行为调查研究结果显示，80%的消费者在购买前有明确品牌倾向。OTC药品多为治疗一般疾病的常备药品，如感冒药、止痛药、肠胃药、皮肤药等，这些药品一般在生产技术上都比较成熟，不具有专利技术方面的竞争优势；而正因为技术工艺的简单，又使此类药品的生产厂家众多，市场上同一种OTC药品往往具有多个品牌，市场竞争异常激烈。因为消费者不具备辨别药品内在品质的能力，所以代表产品品质和信念的品牌成为消费者购买OTC产品的导向。在广泛决策制定期间，消费者倾向于搜寻产品信息，所以用一种品牌促销来中断他们的问题解决过程相对容易。成功的OTC产品销售必须用消费品的营销手段建立产品品牌和促进产品销售。鉴于品牌对于OTC药品评价的重要性，因此除了医生意见和自身经验，广告实际上成为人们了解药品的重要来源和影响人们购买决策的重要因素。

（4）购买决策

消费者在评价阶段可能形成某种购买意图而偏向购买他喜爱的品牌，然而，在购买意图与购买决策之间，可能受到他人的态度影响和未预期到的情况因素影响，专业人士具有左右OTC药品购买决策的能力。尽管OTC药品无须医生处方，消费者即可在药店购买，OTC药品也越来越接近一般消费品，但是，药品毕竟是用来治病救人的，并且药品知识的专业性较强，还不是一种普及性知识，所以，消费者在购买和使用OTC药品时，十分关注专业人士如医生、药剂师等人的意见。据美国Scott-Levin医疗保健咨询公司最近的一份调查，约有50%的患者根据医生的建议使用OTC药品。医生给患者的OTC样品也起着重要作用，有35%的患者在过去一年接受过样品，并且约50%的患者称他们自己将会购买同样

的药品。店员与消费者进行交流是一个重要的市场营销战略。有调查结果表明：除了电视广告，药店店员对消费者购药的影响大于其他各种广告媒体。值得注意的是，一旦店员向消费者推荐某种药品时，有74%的消费者会接收店员的意见，这表明在药品消费中店员能起到很大的作用。特别需要指出的是，在明确具体品牌的消费者中，当店员向他推荐其他品牌药品时占66%的消费者改变了主意，他们接受了店员的意见。

（5）购后行为

OTC药品都有很详细的使用说明书，消费者按照说明书文字就可以很方便地使用，而使用效果是否满意，是否有不良反应发生，首先取决于该药品的选择是否对症，如果购买的OTC药品不对症，治疗效果必然大打折扣，还可能产生不良反应；如果药品选择对症，然后看产品本身的功效和不良反应，是否疗效好，起效快，而不良反应小。消费者如果使用OTC药品后满意，必然强化他的产品信念，会刺激下次的购买。他们往往会记下上次医生处方的药品名称，或者直接拿着药品包装盒，指名购买同样的产品。国家规定OTC药品使用说明书上要注明制药商的联系电话，目的在于及时得到不良反应的信息，这也是制药商提高售后服务质量的主要途径。总之，非处方药的市场营销者只有在了解消费者行为的基础上，制定出使目标顾客的需要和欲望得到满意的营销策略，才有成功开发市场的可能。

第三章

大数据时代

第一节　什么是大数据

最早提出"大数据"时代来临的是全球知名的咨询公司麦肯锡。麦肯锡公司称："数据已经渗透到每一个行业和业务领域，成为重要的组成部分之一。人们对于海量数据的挖掘和运用，预示着新一波生产率增长和消费者盈余浪潮的到来。"

2008年9月，《自然》杂志推出了封面专栏——"大数据"，内容讲述了数据在生物、物理、工程、数学及社会经济等多方面学科所占据的位置和扮演的角色的重要性。

如今，"大数据"这个词汇俨然成了工商界和金融界的新宠。在哈佛大学担任社会学教授的加里·金说："这是一场革命，庞大的数据资源使得各个领域开始了量化进程。无论学术界、商界还是政府，所有领域都将开始这种进程。"

说到这里，还是有人对"大数据"不明所以：到底什么是大数据？

"大数据"是从英语"Big Data"一词翻译而来的。"大数据"这一概念在近几年逐渐被人们所熟知，并为全球各大企业所重视。简单来说，"大数据"是一种巨量资料库，可以在合理时间内达到撷取、管理、处理并整理为帮助公司、企业经营和决策的资讯信息。

大数据（Big Data）是指"无法用现有的软件工具提取、存储、搜索、共享、分析和处理的海量的、复杂的数据集合"。随着云时代的悄然到来，"大数据"渐渐得到了越来越多企业的关注。后来，业界将"大数据"概括成四个V，即大量化（Volume）、多样化（Variety）、快速化（Velocity）和价值化（Value）。

数据体量巨大（Volume）。截至目前，人类生产的所有印刷材料的数据量是200PB，

而历史上全人类说过的所有的话的数据量大约是5EB（1EB=210PB）。

数据类型繁多（Variety）。相对于以往便于存储的以文本为主的结构化数据，非结构化数据越来越多，包括网络日志、音频、视频、图片、地理位置信息等，这些多类型的数据对数据的处理能力提出了更高要求。

价值密度低（Value）。价值密度的高低与数据总量的大小成反比。如何通过强大的机器算法更迅速地完成数据的价值"提纯"，成为目前大数据背景下亟待解决的难题。

处理速度快（Velocity）。大数据区分于传统数据挖掘的最显著特征。根据IDC的"数字宇宙"的报告，预计到2020年，全球数据使用量将达到35.2ZB。

看看专家们怎么说。

舍恩伯格评价大数据时代说，大数据时代不是随机样本，而是全体数据：不是精确性，而是混杂性；不是因果关系，而是相关关系。

埃里克·西格尔在评价大数据预测时说，大数据时代下的核心，预测分析已在商业和社会中得到广泛应用。随着越来越多的数据被记录和整理，未来预测分析必定会成为所有领域的关键技术。

城田真琴在评价大数据的冲击时说，从数据的类别上看，"大数据"指的是无法使用传统流程或工具处理或分析的信息。它定义了那些超出正常处理范围和大小、迫使用户采用非传统处理方法的数据集。

由此可见，了解了大数据的典型应用，理解了大数据的定义。这时相信在每个人的心中，关于大数据的价值都有了自己的答案。

2010年《Science》上刊登了一篇文章指出，虽然人们出行的模式有很大不同，但我们大多数人同样是可以预测的。这意味着我们能够根据个体之前的行为轨迹预测他或者她未来行踪的可能性，即93%的人类行为可预测。

而大数定律告诉我们，在试验不变的条件下，重复试验多次，随机事件的频率近似于它的概率。"有规律的随机事件"在大量重复出现的条件下，往往呈现几乎必然的统计特性。

举个例子，我们向上抛一枚硬币，硬币落下后哪一面朝上本来是偶然的，但当我们上抛硬币的次数足够多后，达到上万次甚至几十万、几百万次以后，我们就会发现，硬币每一面向上的次数约占总次数的二分之一。偶然中包含着某种必然。

随着计算机处理能力的日益强大，获得的数据量越大，你能挖掘到的价值就越多。实验的不断反复、大数据的日渐积累让人类发现规律，预测未来不再是科幻电影里的读心术。

如果银行能及时地了解风险，我们的经济将更加强大；如果政府能够降低欺诈开支，

我们的税收将更加合理；如果医院能够更早发现疾病，我们的身体将更加健康；如果电信公司能够降低成本，我们的话费将更加便宜；如果交通动态和天气变化能够更精准，我们的出行将更加方便；如果商场能够动态调整库存，我们的商品将更加实惠。最终，我们都将从大数据分析中获益。

关于未来有一个重要的特征：每一次你看到了未来，它会跟着发生改变，因为你看到了它，然后其他事也跟着一起改变了。数据本身不产生价值，如何分析和利用大数据帮助业务才是关键。

第二节 初步了解大数据

似乎一夜之间，大数据（Big Data）变成了一个IT行业中最时髦的词汇。首先，大数据不是什么完完全全的新生事物，Google的搜索服务就是一个典型的大数据运用，根据客户的需求，Google实时从全球海量的数字资产（或数字垃圾）中快速找出最可能的答案，呈现给你，就是一个最典型的大数据服务。只不过过去这样规模的数据量处理和有商业价值的应用联系太少，在IT行业没有形成成型的概念。现在随着全球数字化、网络宽带化、互联网应用于各行各业，累积的数据量越来越大，越来越多企业、行业和国家发现，可以利用类似的技术更好地服务客户、发现新商业机会、扩大新市场以及提升效率，才逐步形成大数据这个概念。

有一个有趣的故事是关于奢侈品营销的。PRADA在纽约的旗舰店中每件衣服上都有RFID码。每当一个顾客拿起一件PRADA进试衣间，RFID会被自动识别。

同时，数据会传至PRADA总部。每一件衣服在哪个城市、哪个旗舰店什么时间被拿进试衣间、停留多长时间，数据都被存储起来加以分析。如果有一件衣服销量很低，以往的做法是直接下架。但如果RFID传回的数据显示这件衣服虽然销量低，但进试衣间的次数多，那就能另外说明一些问题，也许这件衣服的下场就会截然不同，也许某个细节的微小改变就会重新创造出一件非常流行的产品。

还有一个是关于中国粮食统计的故事。在前两年北京的一个会议上，原国家统计局总经济师姚景源向我们讲述了他们是如何做的。他们采用遥感卫星，通过图像识别，把中国

所有的耕地标识、计算出来，然后把中国的耕地网格化，对每个网格的耕地抽样进行跟踪、调查和统计，然后按照统计学的原理，计算（或者说估算）出中国整体的粮食数据。这种做法是典型采用大数据建模的方法，打破传统流程和组织，直接获得最终的结果。

最后是一个炒股的故事。这个故事来自于2011年好莱坞的一部高智商电影《永无止境》，讲述了一位落魄的作家库珀，服用了一种可以迅速提升智力的神奇蓝色药物，然后他将这种高智商用于炒股。库珀是怎么炒股的呢？就是他能在短时间掌握无数公司资料和背景，也就是将世界上已经存在的海量数据（包括公司财报、电视、几十年前的报纸、互联网、小道消息等）挖掘出来，串联起来，甚至将FaceBook、Twitter的海量社交数据挖掘，并得到普通大众对某种股票的感情倾向，通过海量信息的挖掘、分析，使一切内幕都不是内幕，使一切趋势都在眼前，结果在10天内他就赢得了200万美元，神奇的表现让身边的职业投资者目瞪口呆。这部电影简直是展现大数据魔力的教材性电影，推荐没有看过的IT人士看一看。

从这些案例来看，大数据并不是很神奇的事情。就如同电影《永无止境》提出的问题：人类通常只使用了20%的大脑，如果剩余80%大脑潜能被激发出来，世界会变得怎样？在企业、行业和国家的管理中，通常只有效使用了不到20%的数据（甚至更少），如果剩余80%数据的价值激发起来，世界会变得怎么样呢？特别是随着海量数据的新摩尔定律，数据爆发式增长，然后数据又得到更有效应用，世界会怎么样呢？

单个的数据并没有价值，但越来越多的数据累加，量变就会引起质变，就好像一个人的意见并不重要，但一千人、一万人的意见就比较重要，上百万人就足以掀起巨大的波澜，上亿人足以改变一切。

数据再多，但如果被屏蔽或者没有被使用，也是没有价值的。中国的航班晚点非常多，相比之下美国航班准点情况好很多。这其中，美国航空管制机构的一个好做法发挥了积极的作用，说起来也非常简单，就是美国会公布每个航空公司、每一班航空过去一年的晚点率和平均晚点时间，这样客户在购买机票的时候就很自然选择准点率高的航班，从而通过市场手段牵引各航空公司努力提升准点率。这个简单的方法比任何管理手段（如中国政府的宏观调控手段）都直接和有效。这里多说一两句，过去一个国家对内的控制主要是物理上的暴力，就是强力机构权力无限大，搞国家KB主义；而现在一个暴政国家，主要是就靠垄断信息、封锁信息，让民众难以获得广泛而真实的信息，从而实现国家的控制。这个信息封锁，就是对大数据的封锁。

没有整合和挖掘的数据，价值也呈现不出来。《永无止境》中的库珀如果不能把海量信息围绕某个公司的股价整合起来、串联起来，这些信息就没有价值。

因此，海量数据的产生、获取、挖掘及整合，使之展现出巨大的商业价值，这就是我理解的大数据。在互联网对一切重构的今天，这些问题都不是问题。因为，我认为大数据是互联网深入发展的下一波应用，是互联网发展的自然延伸。目前，可以说大数据的发展到了一个临界点，因此才成为IT行业中最热门的词汇之一。

什么是大数据？这是一种文化基因（meme），一个营销术语，确实如此，不过也是技术领域发展趋势的一个概括，这一趋势打开了理解世界和制定决策的新办法之门。根据技术研究机构周IDC的预计，大量新数据无时无刻不在涌现，它们以每年50%的速度在增长，或者说每两年就要翻一番多。不仅数据的洪流会越来越大，而且全新的支流也会越来越多。比方说，现在全球就有无数的数字传感器依附在工业设备、汽车、电表和板条箱上。它们能够测定方位、运动、振动、温度、湿度，甚至大气中的化学变化，并可以通信。

将这些通信传感器与计算智能连接在一起，你就能够看到所谓的物联网（Internet of Things）或者工业互联网（Industrial Internet）的崛起。对信息访问的改善也为大数据趋势推波助澜。比如说，政府数据——就业数字等其他信息正在稳步移植到Web上。2009年，华盛顿通过启动Data.gov进一步打开了数据之门，该网站令各种政府数据向公众开放。

数据不仅变得越来越普遍，而且对于计算机来说变得更加可读。这股大数据浪潮当中大部分都是桀骜不驯的——都是一些像Web和那些传感数据流的文字、图像、视频那样难以控制的东西。这被称为是非结构数据，通常都不是传统数据库的腹中物。

不过，从互联网时代浩瀚的非结构数据宝藏中收获知识和洞察的计算机工具正在快速普及。处在一线的是正在迅速发展的人工智能技术，像自然语言处理、模式识别以及机器学习。

那些人工智能技术可以被应用到多个领域。比方说，Google的搜索及广告业务，还有它那已经在加州驰骋了数千英里的实验性机器人汽车，这些都使用了一大堆的人工智能技巧。这些都是令人却步的大数据挑战，需要解析大量的数据，并要马上做出决策。

反过来，新数据的充裕又加速了计算的进展——这就是大数据的良性循环。比如，机器学习算法就是从数据中学习的，数据越多，机器学得就越多。我们就拿Siri，这款苹果去年秋季引入的iPhone对话及问答应用作为例子吧。该应用的起源还要追溯到一个五角大楼的研究项目，并在随后拆分出了一家硅谷的初创企业。苹果于2010年收购了Siri，然后不断地给它喂数据。现在，随着人们提供了数以百万计的问题，Siri正变成一位越来越老练的个人助手，为iPhone用户提供了提醒、天气预报、饭店建议等服务，其回答的问题数如宇宙般不断膨胀。

麻省理工学院斯隆管理学院的经济学家Erik Brynjolfsson说，要想领会大数据的潜在影响，你得看看显微镜。发明于4个世纪之前的显微镜，使人们可以用以前所未有的水平观看和测量事物——细胞级。这是测量的一次革命。

Brynjolfsson教授解释说，数据的测量正是显微镜的现代等价物。比如说，Google的搜索，Facebook的文章以及Twitter的消息，使在产生行为和情绪时对其进行精细地衡量成为可能。

Brynjolfsson说，在商业、经济等其他领域，决策将会越来越以数据和分析为基础，而非靠经验和直觉。"我们可以开始科学化了。"他评论道。

数据优先的思考是有回报的，这方面存在着大量的轶事证据。最出名的仍属《点球成金（Moneyball）》，这本迈克尔·路易斯（Michael Lewis）2003年出的书，记录了预算很少的奥克兰运动家队（OaklandA）如何利用数据和晦涩难懂的棒球统计识别出被低估的球员的故事。大量的数据分析不但已成为棒球的标准，在其他体育运动中亦然，包括英式足球在内，且在去年由布拉德·皮特（Brad统Pitt）主演的同名电影上映之前，很早就这么做了。

零售商，如沃尔玛和Kohl's，则分析销售、定价和经济、人口、天气方面的数据来为特定的门店选择合适的产品，并确定降价的时机。物流公司，如UPS，挖掘货车交付时间和交通模式方面的数据以调整路线。

而在线约会服务，像Match.com，则不断仔细查看其上个人特点、反应以及沟通的Web列表以便改进男女配对约会的算法。在纽约警察局的领导之下，美国全国的警察局都在使用计算机化的地图，并对诸如历史犯罪模式、发薪日、体育活动、降雨及假日等变量进行分析，以期预测出有可能的犯罪机"热点"，并在那些地方预先部署警力。

Brynjolfsson教授与另外两位同事一道进行的研究于去年公布，研究认为，由数据来指导管理，正在美国的整个企业界扩散并开始取得成效。他们研究了179家大型的公司后发现，那些采用"数据驱动决策制定"者其获得的生产力要比通过其他因素进行解释所获得的高出5~6个百分点。

大数据的预测能力也正在被探索中，并在公共卫生、经济发展及经济预测等领域有获得成功的希望。研究人员发现，Google搜索请求中诸如"流感症状""流感治疗"之类的关键词出现的高峰要比一个地区医院急诊室流感患者增加出现的时间早两三个星期（而急诊室的报告往往要比浏览器慢两个星期左右）。

全球脉动（Global Pulse），这项由联合国新发起的行动计划，希望大数据能对全球的发展起到杠杆作用。该组织将会用自然语言破译软件对社交网络中的消息以及短信进行

所谓的情绪分析——以帮助预测出特定地区失业、开支缩减或疾病暴发的情况。其目标是使用数字化的预警信号来预先指导援助计划，比如，预防一个地区出现倒退回贫困的情况。

研究表明，在经济预测方面，Google上房产相关搜索量的增减趋势相对于地产经济学家的预测而言是一个更加准确的预言者。美联储，还有其他学者均注意到了这一点。去年7月，美国国家经济研究局主持了一个题为"大数据的机遇"的研讨会，探讨其对经济专业的影响。

大数据已经转变了对社会网络如何运转的研究。在20世纪60年代，在一次著名的社会关系实验中，哈佛大学的米尔格兰姆（Stanley Milgram）利用包裹作为其研究媒介。他把包裹发给美国中西部的志愿者，指导他们将包裹发给波士顿的陌生人，但不是直接发过去：参与者只能将包裹发给自己认识的某个人。包裹易手的次数平均值少得不同寻常，大概只有6次。这就是"小世界现象"的一个经典体现，由此也形成了一个流行语"六度分隔"。

今天，社交网络研究包括了发掘巨量的在线集体行为的数字数据集。其中的发现包括：你认得但不常联系的人——社会学上称为"弱联系"的人，是职位空缺内部消息的最佳来源。他们在一个略微不同于你的密友圈的社交世界中穿梭，所以能够看到一些你和自己最好的朋友看不到的机会。

研究人员能够看出影响的模式，可以知道某个主题的交流什么时候最热——就拿跟踪Twitter的标签趋势来说吧。这个在线的透明玻璃鱼缸就是观摩巨量人群实时行为的一扇窗口。"我需要理解某项活动的爆发，我在数据中寻找热点，"康奈尔大学的Jon Klein berg教授说，"你只能通过大数据才能做到这一点。"

诚然，大数据自身也存在风险。统计学者和计算机科学家指出，巨量数据集和细颗粒度的测量会导致出现"错误发现"的风险增加。斯坦福大学的统计学教授特Trevor Hostie说，在大规模数据的干草堆中寻找一根有意义的针，其麻烦在于"许多稻草看起来也像针（注：呵呵，看起来这比大海捞针还要困难，因为千人一面）"。

大数据还为恶搞统计和带偏见的实情调查研究提供了更多的原材料。这就是老花招——事实我已经知道了，现在让我们来把它们给找出来吧。乔治梅森大学的数学家Re-becca Foldin说，这就是"数据利用最有害的方式之一"。

在利用计算机及数学模型的情况下，我们已经驯服和理解了数据。这些模型，正如文学之隐喻，是一种解释的简化。它们对于理解是很有用的，不过也存在局限性。隐私倡导者警告说，根据在线调查，模型有可能推导出一种不公平或带歧视性的相关性及统计推断，从而影响到某人的产品、银行贷款及医疗保险。

尽管存在这些告诫，但大势似乎已经不可逆转。数据已在驾驶位就座，它就在那里，它是有用的，是有价值的，甚至还很时尚。

资深数据分析师，长久以来朋友一听到他们谈自己工作就感到厌烦的人，现在却突然变得对他们好奇起来。这些分析师称，此乃拜《点球成金》之所赐，不过实际情况远非如此。"文化改变了"，哥伦比亚大学的统计及政治科学家指Andrew Gelman说："大家认为数字和统计有趣，好玩，现在它是很酷的东西了。"

第三节　大数据所带来的机遇

数据应用的周期或许可以划分为七个步骤：发现、获取、加工、筛选、集成、分析和揭露。其中每一个步骤都至关重要，每一个有效用的策略也许都是建立在由上述七个步骤组成的数据体系之上的。云计算公司LiasonTechnologies的首席执行官Bob Renner对此做出了总结性分析："人们大部分的注意力（市场价值观）都放在了分析和结果量化的最后阶段——蕴藏着商务决策的阶段。这也确实是数据分析在历经万难之后最终的价值所在。但是，没有了前面的准备步骤，我们也不可能一步登天地就能在最后一步获得想要的结果。事实上，在开始使用分析算法来对数据进行解读之前，数据科学家都要花费大量的时间进行数据清理，以保证数据的质量。"

良好的数据科学离不开高质量的数据资料和管控数据质量的必要步骤，尤其是往往遭到忽视的数据集成。通常来说，有价值的大数据都是在这一个步骤里发现的。如果组织在一开始就以另一种心态（非如今固化的理念）来着手数据管理，他们就能够在控制成本和效用上掌握主动权。

大数据需要一个独特的基础，正如数据分析公司Green House Data的首席技术官科特妮·汤普森（Corney Thompson）所言："大数据可能意味着你需要大幅修正自家的IT基础设施，传统IT的配置并不能支持大数据。"据悉，有些公司会为了实现质的飞跃而新任命一名数字业务总监。而一个优秀的数字业务经理需要知道如何确保将那些非结构化的数据转化为可操作的信息材料。

那么，我们将如何从当前宣传大于实用的状况中获得突破呢？首先，如前文所述，充

分理解大数据应用完整的操作周期，做到不忽视任何一个步骤的重要性，然后从传统的以应用为中心的传统思想中解放出来，建立灵活的、可持续利用的数据分析框架。"数据驱动的发现从根本上改变了我们工作和生活的方式，而那些掌握了大数据应用的人可以说是掌握了一项和同龄人竞争的优势。"

那些在大数据技术迸发时期就获得了巨大利益价值的组织，他们不仅关注那些外界一直在炒作的功能，而且对想要实现的营收、利润以及其他业务成果都投入了认真的思考。OFweek通信网讯尽管对大数据的好处描绘得天花乱坠，但不得不说，当前指导数据架构的理念体系其实已经过时了。如今大数据的情形已在近期发生了极大的改变。

数据正在每天为你做着网络生活笔记：你喜欢什么？看到了什么？做出了怎样的反应？你的性格喜好？心情如何？生活中，我们在每一时刻，每个行为都产生着数据。我们的网络浏览痕迹、电商购物喜好、社交网络习惯等网络"足迹"都以数据的形式存储了下来。它们精准及时、事无巨细。而借助于对这些数据的研究和分析，就可以拼出一个比你更了解自己的"你"。

这样由一个个数据构筑的世界，引领我们进入大数据时代。

大数据被认为是人类文明第三次浪潮的主角，将改变人类的思考模式、生活习惯和商业法则，被认为将引发社会发展的深刻变革，被美国定位为未来最重要的国家战略之一，是未来大国博弈的决胜关键……

商人们很快将它变为真金白银的生意。Amazon和Facebook用它卖出了更多的广告；Netflix用它创造了《纸牌屋》的收视奇迹；ZARA用它实现了比LV还高的利润率；奥巴马用它赢得了总统选举，但又为因它而起的"棱镜门"事件而焦头烂额……

然而，世界对于"大数据所带来的机遇是否被过分炒作"的质疑从未停歇。有关"大数据还是大忽悠"的辩论也异常激烈。

第四节　关于数据的爆炸性增长

你可能并不一定知晓下面这些数字，但你也一定会感受到"数据"正在呈几何级数的爆炸性增长，因为10亿台计算机、40亿部手机、无数的互联网终端……正在使我们生活的

世界高速数字化，"信息爆炸"早已从抽象的概念变为现实的描述。

从出现文字记录到2003年，人类总共创造出的数据量只相当于现在全世界两天创造出的数据量；在如此大的基数之上，全球的数据量仍然每18个月就会翻一番；如今人们在一天之内上传的照片数量就相当于柯达发明胶卷之后拍摄的所有图像的总和……

就在10年前，1.44M的3.5寸盘还是我们装机的必备；几年前，体积不大但容量数百M的移动存储还曾让人们兴奋不已；而现在，GB级别的小U盘和TB级别的移动硬盘早已是普通用户的寻常之物。

数据分析并不是一个新概念，也有人会因此对于大数据不以为然，认为这只不过是一瓶老酒而已。但是，量变引发质变传统数据所采用的获取、存储、分析和解释的方法和技术，早已无法应对现在的数据规模、产生速度和复杂程度了。

"大数据发展有一个最大的特点，就是它会自己促进自己，数据量越大，你越想去算，算完了你就会想采集更多的数据，来验证你的想法，周而复始数据量又会上去，它就是一个正循环。"数据的规模越大，就令洪倍越兴奋。2006年，洪倍和闫墨共同创建AdMaster，主要专注于广告监测技术的探索、数字广告投资回报率的整体研究和监测数据的分析挖掘。"从公司刚创立一直到今天，随着生意规模的上升，数据量也随之上升。数据规模大了之后，存储或者清洗、挖掘都有着较高的技术要求，那时我已经意识到这是一个大数据问题了。"

"数据的获取和挖掘都已找到解决方法了，AdMaster拥有了庞大的数据量。AdMaster每天从互联网上获取的数据都是以T计算的。那么怎么"玩"这些数据呢？只有把庞大的数，变成有用的据，才能被称为"大数据"。洪倍一直强调这才是大数据的价值。

"大数据"的量到底有多大？根据2012年3月的一份调查结果显示：在短短的一天之内，互联网产生的资料内容可以刻满1.68亿张DVD；发出的社区帖子高达200万个，相当于《时代》杂志770年的文字数量；发出的邮件高达2940亿封，相当于美国两年的纸质信件数量；卖出的手机为37.8万台，高于全世界每天出生的婴儿数量37.1万……

截止到2012年，数据量已经从TB级别跃升到PB、EB乃至ZB级别。（1024GB=1TB，1024TB=1PB，1024PB=1EB，1024EB=1ZB）。国际数据公司（IDC）经过详细的调查研究，得出一个结论：2008年，全球产生的数据量为0.49ZB；2009年的数据量为0.8ZB；2010年的数据量为1.2ZB；2011年的数据量更是持续增长，竟高达1.82ZB。这个数据量，相当于全世界的每个人产生200GB以上的数据。可见，大数据的信息量有多大。

当然了，"大数据"不仅是量大而已，它还具有多样化、快速化、价值化等优势。

多样化：数据的类型繁多。这种特质也让数据被分为两部分——结构化数据和非结构

化数据。相对于以往那些以文本为主的结构化数据，非结构化数据越来越多，包括日志、图片、音频、视频、地理位置信息等。

快速化：处理的速度快。这是大数据区分于传统数据挖掘的最明显的特征。根据IDC的一份名为"数字宇宙"的报告，预计到2020年，全世界的数据使用量将高达35.2ZB。在如此浩瀚的数据面前，处理数据的效率快慢决定了企业生命的长短。

价值化：价值密度低。价值密度的高低与数据总量的大小成反比。

我们来举个例子：一段时长为一小时的视频，在持续不间断地监控中，有用的数据仅仅有那么一两秒而已。因此，如何通过强大的计算方式迅速地完成数据的价值"精纯度"，已成为目前"大数据"背景下需要解决的难题。

第五节　大数据时代的商业机会

在2012年，大数据才逐渐被中国产业界接受和关注，但业界普遍认为2013年是中国"大数据元年"。

数据丰富的影响延伸到商业之外。比如，贾斯汀·格里莫（Justin Grimmer）就是新生代的政治学者中的一员。作为斯坦福大学的一名28岁的助理教授，他看到了"一个机遇，因为学科正变得越来越趋于数据密集"，所以在自己的大学及研究生研究当中，他把数学运用到了政治科学里面。他的研究包括对博客发文、国会演讲以及新闻发布、新闻内容的自动计算机分析，以便深入了解政治观念是如何被传播出去的。

其他领域，如科学、体育、广告及公共卫生，发生的故事也类似——数据驱动发现和决策的趋势。"这是一次革命，"哈佛量化社会科学研究所主任Gary King说，"我们的确正在起航。不过，在庞大的新数据来源的支持下，量化的前进步伐将会踏遍学术、商业和政府领域，没有一个领域可以不被触及。"

里克·斯莫兰（Rick Solan）是《生活中的一天》（*Day in the Life*）系列摄影的作者，当时正计划启动一个名为《大数据的人类面孔》的项目。斯莫兰先生是一位狂热分子，称大数据有可能成为"人类的仪表盘"，能够作为一项智能工具帮助与贫穷、犯罪以及污染作战。隐私的倡导者则持怀疑的态度，警告说大数据就是老大哥（注：Big Data

is Big Brother，看过乔治·奥威尔的《1984》的诸位对"Big Brother"应该不会感到陌生），只不过是披上了企业的外衣。

"大数据"全在于发现和理解信息内容及信息与信息之间的关系，然而直到最近，我们对此似乎还是难以把握。IBM的资深"大数据"专家杰夫·乔纳斯（JeffJonas）提出要让数据"说话"。从某种层面上来说，这听起来很平常。人们使用数据已经有相当长一段时间了，无论是日常进行的大量非正式观察，还是过去几个世纪里在专业层面上用高级算法进行的量化研究，都与数据有关。

在数字化时代，数据处理变得更加容易、更加快速，人们能够在瞬间处理成千上万的数据。但当我们谈论能"说话"的数据时，我们指的远远不止这些。

实际上，大数据与三个重大的思维转变有关，这三个转变是相互联系和相互作用的。

首先，要分析与某事物相关的所有数据，而不是依靠分析少量的数据样本。

其次，我们乐于接收数据的纷繁复杂，而不再追求精确性。

最后，我们的思想发生了转变，不再探求难以捉摸的因果关系，转而关注事物的相关关系。

随着技术的革新，我们已经踏进大数据时代，而数据背后潜藏着巨大的商业机会，值得我们去挖掘。

苹果公司的传奇总裁史蒂夫·乔布斯在与癌症斗争的过程中采用了不同的方式，成为世界上第一个对自身的DNA和肿瘤DNA进行排序的人。为此，他支付了高达几十万美元的费用，这是23andme报价的几百倍之多。所以，他得到的不是一个只有一系列标记的样本，他得到了包括整个基因密码的数据文档。

对于一个普通的癌症患者，医生只能期望她的DNA排列同试验中使用的样本足够相似。但是，史蒂夫·乔布斯的医生们能够基于乔布斯的特定基因组成，按所需效果用药。如果癌症病变导致药物失效，医生可以及时更换另一种药，也就是乔布斯所说的，"从一片睡莲叶跳到另一片上"。乔布斯开玩笑说："我要么是第一个通过这种方式战胜癌症的人，要么就是最后一个因为这种方式死于癌症的人。"虽然他的愿望都没有实现，但是这种获得所有数据而不仅是样本的方法还是将他的生命延长了好几年。

根据技术研究机构IDC的研究结果可知，近年来，大量的新数据如雨后春笋般，它们以每年50%的速度在增长。或者说，它们每两年就要翻一番，完全超出人们的预料。

事实上，我们生活的方方面面，都会因大数据的存在而发生变化。如消费习惯、兴趣爱好、人际关系，以及整个互联网的走向与潮流等，都将成为IT行业所关注的重点。当然了，这一切的获取和分析都与大数据息息相关。

我们不能说数据的圈子越来越大，而是全新的圈子越来越多。比如，全世界有数不清的数字传感器依附在汽车、工业设备、电表和板条箱上，它们能准确地掌握方位、温度、湿度、运动、振动，以及大气中的化学变化。

从一方面来说，大众媒体基础上的大数据挖掘和分析，将衍生出令人意想不到的应用；从另一方面来说，基于数据分析的营销和咨询服务也正在崛起。这些专注于数据挖掘和数据服务的公司，将成为IT行业乃至互联网服务业中的新兴力量。

以往，只有像谷歌、微软这样的全球化公司能做关于大数据的深挖和分析。但现在，大数据偏向平民化，让越来越多的IT公司有机会进入这个领域。也因此，大数据领域有了不同的数据分析和服务，促使人们不断地创新商业模式。比如在一分钟内，用户就会在Facebook（脸谱网）上发布近70万条信息；在一分钟内，用户会在Flicker（雅虎旗下图片分享网站）上传3 125张照片；在一分钟内，用户就会在YouTube（世界上最大的视频网站）上点击200万次观赏……

铁一般的事实告诉互联网从业人员，这些庞大数字意味着一种全新的致富手段。可以说，它的价值不可估量。

虽然在目前来说，大数据在中国还处于初级阶段，但是它的商业价值已经告诉人们——凡是掌握大数据的公司，就相当于站在"金库的门口"。基于数据交易产生的经济效益和创新商业模式的诞生，能帮助企业进行内部数据挖掘，以便更准确地找到潜在客户，从而降低营销成本，提高企业的销售利润。

百分点信息科技的联合创始人苏萌曾说过："未来，数据可能成为最大的交易商品。但数据量大并不能算是大数据，大数据的特征是数据量大、数据种类多、非标准化数据的价值最大化。因此，大数据的价值是通过数据共享、交叉复用后获取的最大的数据价值。"在他看来，未来，大数据将会如基础设施一样，有数据提供方、管理者、监管者，数据的交叉复用将大数据变成一大产业。

由此，可见"大数据"的价值所在。

成立于2006年的AdMaster致力于通过技术驱动的SaaS平台为广告主提供数据应用服务。目前，AdMaster服务于快消、IT、汽车等多个行业，80%的世界100强品牌及众多国内知名品牌，占超过50%的市场份额。同时，也在不断努力推动行业发展和变革。例如，AdMaster作为主要技术支持协助MMA（中国无线营销联盟）发布了国内第一个开源的Mobile心SDK解决方案，统一了国内移动营销的监测机制。

"在多年前，手机刚刚出来的时候，我们就在做跨多屏数据应用模型，如何完成跨电视和PC、手机和PC、手机和电视等跨多屏营销的分析和优化？比如看电视的时候同时玩

手机，会不会降低对电视节目的认知？消费者多屏的使用习惯如何？哪些屏幕在哪些时间的品牌传播效果最好？与之相关的，我们已经做了很多的研究，我们也是国内第一个实现跨多屏评估和优化的数据应用公司。跨屏数据的应用是AdMaster数据应用的一部分，AdMaster的数据应用主要还包括广告数据、社交媒体数据、品牌电商数据及把前端广告数据、社交媒体数据及后端品牌电商数据整体打通分析和应用的全流程数据应用服务。目前，这在国内也是只有AdMaster的技术才可以实现的。"

随着技术的革新，我们已经踏进大数据时代，而数据背后潜藏着巨大的商业机会，值得我们去挖掘。

第六节　数据的网络分析

在信息处理能力受限的时代，世界需要数据分析，却缺少用来分析所收集数据的工具，因此随机采样应运而生，它也可以被视为那个时代的产物。如今，计算和制表不再像过去一样困难。感应器、手机导航、网站点击和Twitter被动地收集了大量数据，而计算机可以轻易地对这些数据进行处理。

采样的目的就是用最少的数据得到最多的信息。当我们可以获得海量数据的时候，它就没有什么意义了。数据处理技术已经发生了翻天覆地的改变，但我们的方法和思维却没有跟上这种改变。

然而，采样一直有一个被我们广泛承认却又总有意避开的缺陷，现在这个缺陷越来越难以忽视了。采样忽视了细节考察。虽然我们别无选择，只能利用采样分析法来进行考察，但是在很多领域，从收集部分数据到收集尽可能多的数据的转变已经发生了。如果可能的话，我们会收集所有的数据，即"样本=总体"。

正如我们所看到的，"样本=总体"是指我们能对数据进行深度探讨，而采样几乎无法达到这样的效果。上面提到的有关采样的例子证明，用采样的方法分析整个人口的情况，正确率可达97%。对于某些事物来说，3%的错误率是可以接受的。但是你无法得到一些微观细节的信息，甚至还会失去对某些特定子类别进行进一步研究的能力。正态分布是标准的。生活中真正有趣的事情经常藏匿在细节之中，而采样分析法却无法捕捉到这些细节。

谷歌流感趋势预测并不是依赖于对随机样本的分析，而是分析了整个美国几十亿条互联网检索记录。分析整个数据库，而不是对一个样本进行分析，能够提高微观层面分析的准确性，甚至能够推测出某个特定城市的流感状况，而不只是一个州或是整个国家的情况。forecast的初始，系统使用的样本包含12000个数据，所以取得了不错的预测结果。但是随着奥伦·埃齐奥尼不断添加更多的数据，预测的结果越来越准确。最终，forecast使用了每一条航线整整一年的价格数据来进行预测。埃齐奥尼说："这只是一个暂时性的数据，随着你收集的数据越来越多，你的预测结果会越来越准确。"

所以，我们现在经常会放弃样本分析这条捷径，选择收集全面而完整的数据。我们需要足够的数据处理和存储能力，也需要最先进的分析技术。同时，简单廉价的数据收集方法也很重要。过去，这些问题中的任何一个都很棘手。在一个资源有限的时代，要解决这些问题需要付出很高的代价。但是现在，解决这些难题已经变得简单容易得多。曾经只有大公司才能做到的事情，现在绝大部分的公司都可以做到了。

通过使用所有的数据，我们可以发现如若不慎则将会出现在大量数据中淹没掉的情况。例如，信用卡诈骗是通过观察异常情况来识别的，只有掌握了所有的数据才能做到这一点。在这种情况下，异常值是最有用的信息，你可以把它与正常交易情况进行对比。这是一个大数据问题。而且，因为交易是即时的，所以你的数据分析也应该是即时的。

然而，使用所有的数据并不代表这是一项艰巨的任务。大数据中的"大"不是绝对意义上的大，虽然在大多数情况下是这个意思。谷歌流感趋势预测建立在数亿的数学模型上，而它们又建立在数十亿数据节点的基础之上。完整的人体基因组有约30亿个碱基对。但这只是单纯的数据节点的绝对数量，并不代表它们就是大数据。大数据是指不用随机分析法这样的捷径，而采用所有数据的方法。谷歌流感趋势和乔布斯的医生们采取的就是大数据的方法。

日本国民体育运动相扑中"非法""操"纵比赛结果，就恰到好处地说明了使用"样本=总体"这种全数据模式的重要性。消极比赛一直被极力禁止，备受谴责，很多运动员深受困扰。芝加哥大学的一位很有前途的经济学家斯蒂夫·列维特（Steven Levitt），在《美国经济评论》上发表了一篇研究论文，其中提到了一种发现这个情况的方法：查看运动员过去所有的比赛资料。他的畅销书《魔鬼经济学》（Freakonomics）中也提到了这个观点，他认为检查所有的数据是非常有价值的。

列维特和他的同事马克·达根（Mark Duggan）使用了11年中超过64000场摔跤比赛的记录，来寻找异常性。他们获得了重大的发现。非法操纵比赛结果的情况确实时有发生，但是不会出现在大家很关注的比赛上。冠军赛也有可能被操纵，但是数据显示消极比赛主

要还是出现在不太被关注的联赛的后几场中。这时基本上没有什么风险，因为选手根本就没有获奖的希望。

但是相扑比赛的一个比较特殊的地方是，选手需要在15场联赛中的大部分场次取得胜利才能保持排名和收入。这样一来就会出现利益不对称的问题。当一个7胜7负的摔跤手碰到一个8胜6负的对手时，比赛结果对第一个选手来说极其重要，对他的对手则没有那么重要。列维特和达根发现，在这样的情况下，需要赢的那个选手很可能会赢。这看起来像是对手送的"礼物"，因为在联系紧密的相扑界，帮别人一把就是给自己留了一条后路。

有没有可能是要赢的决心帮助这个选手获胜呢?答案是，有可能。但是数据显示的情况是，需要赢的选手的求胜心也只是比平常高了25%。所以，把胜利完全归功于求胜心是不妥当的。对数据进行进一步分析可能会发现，与他们在前三四次比赛中的表现相比，当他们再相遇时，上次失利的一方要拥有比对方多3~4倍的胜算。

这个情况是显而易见的。但是如果采用随机采样分析法，就无法发现这个情况。而大数据分析通过使用所有比赛的极大数据捕捉到了这个情况。这就像捕鱼一样，开始时你不知道是否能捕到鱼，也不知道会捕到什么鱼。

一个数据库并不需要以太字节（一般记做TB，等于2的40次方字节）计的数据。在这个相扑案例中，整个数据库包含的字节量还不如一张普通的数码照片多。但是大数据分析法不止关注一个随机的样本。这里的"大"取的是相对意义而不是绝对意义，也就是说这是相对所有数据来说的。

很长一段时间内，随机采样都是一条好的捷径，它使得数字时代之前的大量数据分析变为可能。但就像把一张数码照片或者一首数码歌曲截取成多个小文件似的，在采样分析的时候，很多信息都无法得到。拥有全部或几乎全部的数据，我们就能够从不同的角度，更细致地观察研究数据的方方面面。

我们可以用lytro相机来打一个恰当的比方。lytro相机具有革新性的，因为它把大数据运用到了基本的摄影中。与传统相机只可以记录一束光不同，lytro相机可以记录整个光场里所有的光，达到1100万之多。具体生成什么样的照片则可以在拍摄之后再根据需要决定。用户没必要在一开始就聚焦，因为该相机可以捕捉到所有的数据，所以之后可以选择聚焦图像中的任一点。整个光场的光束都被记录了，也就是收集了所有的数据，"样本＝总体"。因此，与普通照片相比，这些照片就更具"循环性"。如果使用普通相机，摄影师就必须在拍照之前决定好聚焦点。

同理，因为大数据是建立在掌握所有数据，至少是尽可能多的数据的基础上的，所以我们就可以正确地考察细节并进行新的分析。在任何细微的层面，我们都可以用大数据去

论证新的假设，是大数据让我们发现了相扑中的非法操纵比赛结果、流感的传播区域和对抗癌症需要针对的那部分DNA，它让我们能清楚分析微观层面的情况。

当然，有些时候，我们还是可以使用样本分析法，毕竟我们仍然活在一个资源有限的时代。但是更多时候，利用手中掌握的所有数据成了最好也是最可行的选择。

社会科学是被"样本=总体"撼动得最厉害的学科。随着大数据分析取代了样本分析，社会科学不再单纯依赖于分析经验数据。这门学科过去曾非常依赖样本分析、研究和调查问卷。当记录下来的是人们的平常状态，也就不用担心在做研究和调查问卷时存在的偏见了。现在，我们可以收集过去无法收集到的信息，不管是通过移动电话表现出的关系，还是通过Twitter信息表现出的感情，更重要的是，我们现在也不再依赖抽样调查了。

艾伯特·拉斯洛·巴拉巴西（Albert Lasz Lobarabasi），和他的同事想研究人与人之间的互动。于是他们调查了四个月内所有的移动通信记录——当然是匿名的，这些记录是一个为全美五分之一人口提供服务的无线运营商提供的。这是第一次在全社会层面用接近于"样本=总体"的数据资料进行网络分析。通过观察数百万人的所有通信记录，我们可以产生也许通过任何其他方式都无法产生的新观点。

有趣的是，与小规模的研究相比，这个团队发现，如果把一个在社区内有很多连接关系的人从社区关系网中剔除开来，这个关系网会变得没那么高效但却不会解体：但如果把一个与所在社区之外的很多人有着连接关系的人从这个关系网中剔除，整个关系网很快就会破碎成很多小块。这个研究结果非常重要也非常的出人意料。谁能想象一个在关系网内有着众多好友的人的重要性还不如一个只是与很多关系网外的人保持联系的人呢？这说明一般来说无论是一个集体还是一个社会，多样性是有额外价值的。这个结果促使我们重新审视一个人在社会关系网中的存在价值。

第四章

基于经济全球化背景下
我国企业市场营销的理念

21世纪国际社会发展的大趋势之一，就是经济全球化。2001年中国正式加入世界贸易组织（WTO），经过了之后15年的保护期，我国国门向全世界打开，真正意义上实现了与世界接轨。在此期间通过进一步深化改革开放，我国经济更深入地融入世界经济，经济迅速发展，社会生产力大幅度提高。

当今社会，在经济全球化的大趋势之下，我们必须适应经济全球化的发展趋势，从经济全球化的高度来把握中国加入世界贸易组织的重大战略意义。现阶段中国社会的主要矛盾是人民日益增长的物质文化需要同落后的社会生产力之间的矛盾，这个主要矛盾贯穿于我国社会主义初级阶段的整个过程和社会生活的各个方面。这就决定了我国必须把经济建设作为全党全国工作的中心，坚持以发展生产力为经济建设的重中之重。

企业作为市场营销的管理思想这一理论思想的微观基础主体，承负着改革、发展的使命。面对国内、国际环境的变化，我国的企业需要通过学习和借鉴，树立新的市场营销理念，为营销管理理论做出新的贡献。

第一节　改变传统的经营观念和战略

我国企业走出计划经济时代"以生产为中心"经营理念的束缚仅20年，在某些情况和

环境下有些企业仍摆脱不了这一观念的惯性。在经济全球化形势下，要在全面开放的国内外市场中争得一席之地，我国企业必须改变传统的经营观念和战略，了解国际企业，尤其是跨国公司的管理新趋势，提高我们的管理水平和企业整体素质。

一、紧跟时代潮流，树立新的市场营销观念

成功的企业营销建立在"以消费者需求为中心"的营销观念和科学的营销战略基础之上。"以消费者为中心"意指企业的产品和服务紧随市场需求变化，全面整合企业价值链的各环节，全方位、多层次地满足消费者需求。科学的营销战略则是企业制定的系统的、长期的发展指导方针和策略的重要组成部分之一，是企业成功的根本，也是科学和艺术的统一。营销战略是企业全面分析企业内部条件和外部环境，综合研究各营销策略在企业价值链中的作用和贡献，为科学整合营销手段确定的根本原则和长远目标。在全球化趋势下，营销战略必须突破企业、国家或地区的界限，更多地关注技术、社会、政治、文化的重要变化及其发展趋势，这些因素都将反映到市场中来，并引起诸多深刻变化。

二、树立全球营销观念

（一）全球营销观念的定义

全球营销观念（Global Marketing Concept）始于20世纪90年代，它将一组国家市场视为一个单位，把具有相似需求的潜在购买者群体归入一个全球细分市场，在全球范围内实行营销标准化，在此前提下，营销者根据不同国家、不同文化的独特市场特征会做一些形式上的调整。

全球市场营销在发展演变过程中形成了六种观念：国内市场延伸观念、国际有限差异化观念、国际本土化观念、全球标准化观念、全球本土化观念、全球混合化观念。

（二）全球营销观念面临的难题

全球经营将整个世界视为单一的市场，使产品的设计、功能和款式基本保持一致，并在这些产品的价格、质量和交货等方面展开组合竞争。但在进行具体的全球性营销时，企业会遭遇许多国内营销没有或较少碰到的问题和风险。例如不同的语言、风俗习惯；不同的计量单位；不同的贸易方式、支付方式；不同的法律；利率变化、汇率变化、政治风险

等。简单归结起来，可以从目标顾客营销环境和营销管理问题等三个方面，对全球营销中的问题和风险加以简单论述。

1.目标顾客的变化

全球营销将同时面对国内市场和国际市场，而各国消费者的消费行为、特性、爱好、需求状态是不同的。这种情况意味着营销者可以有更多的营销机会，但一致的产品可能无法同时满足大众迥异的需求。

2.营销环境的不同

虽然营销环境因素均是政治、经济、文化、技术、社会、法律等因素结合和产物，但构成这些因素的子因素有很大的不同。如法律环境，全球营销不仅要了解本国有关对外销售、出口管制等方面的法律，还需要了解外国的法律和国际法，另外要充分利用各国法律间的不同，在全球最大可能地实现企业的利益最大化。

3.营销管理问题的复杂化

由于目标、环境的变化多而复杂，因此全球营销中可能产生的营销管理问题也将是多而复杂的。对营销者而言，他需要更多更新的全球营销知识与技能，诸如，语言问题、货币问题、信息问题、风险问题等，才能更好地制定全球营销策略，实现企业的目的。在此，我们主要介绍一些常见问题。

①高额外债。许多国家本来会成为有吸引力的市场，但是它们债台高筑，甚至连外债的利息也无力偿还。

②政府不稳。某些国家由于高额债务、通货膨胀和失业率高，政府非常不稳定。因此，外国公司面临被没收、国有化、限制利润汇回本国等风险。

③外汇波动。高额债务和政局动荡会迫使一个国家的货币贬值，或者至少使该国的币值变化无常，结果使外国投资者不愿大量持有这种外币，这就限制了贸易。

④外国政府苛求投资者。有的政府关于外国公司的规定日益增多。例如，规定在合资企业中国内合作者的股份应占大部分；要求大批雇用本国人担任高层管理人员；对贸易诀窍实行技术转让；限制汇回本国的利润。

⑤关税和其他贸易壁垒。有的国家的政府为了保护本国工业，往往征收不合理的高额关税，以限制进口。它们还设置无形的贸易壁垒，如控制或者拖延批准进口申请、要求对进口产品进行调整以便符合该国标准。

⑥贪污腐败。一些国家的官员公然索贿，否则不予合作。他们常常和行贿最多的人，而不是和最佳的投标者做生意。

⑦技术剽窃。在海外开办工厂的公司担心外国管理人员学会了产品制造技术，另立门

户，进行公开或秘密的竞争。机械、电子、化学和制药等许多行业都出现了这种情况。

⑧调整产品和沟通信息的高成本。向国外发展的公司必须认真研究每个外国市场，熟知那里的经济、政治和文化环境，并要采取相应的措施调整其产品和产品通报方式，以适应外国的需要。

（三）树立全球营销观念的必要性及措施

经济全球化使国内市场与国际市场的界限日益淡化，它将国际市场"搬"到了国内，企业虽没出国，却同样面临着国际产品的压力、国际对手的竞争。在经济全球化条件下，企业要获得全球竞争优势，就必须在全球范围内配置资源，在充分考虑成本、自然资源、法律、竞争、销售等多种影响的基础上，做出科学的营销决策以占领国际、国内两个市场。我国企业若树立全球市场营销观念，将视野由全国扩大到全球范围内，将发现更多的市场机会，使企业赢得更多的利润。因此，我国具备实力的企业应是国内市场与国外市场并重。当今世界的生产能力，从总体上来说是相对过剩的，我国这些企业必须着力占领国内市场，同时主动"走出去"，了解国际技术的变化、国际产品的变化、国际消费者的变化、国际竞争手段的变化，以拓展国际市场。

为此，我国企业要树立全球市场营销观念，就必须设计一个高度开放、面向全球的营销组织，并且能够完成三项任务：一是完成全球范围内配置资源的任务，能够利用各地资源为扩大市场规模、提高营销效益服务；二是完成占领多个目标市场的任务，能够适应不同国家的文化和消费习惯，在多个目标市场上稳步快速发展；三是完成多种方式进入目标市场的任务，适应出口贸易许可合同、国外直接投资的要求，成立相应的组织机构。

三、树立战略营销观念

企业发展战略是企业从全局出发制定的经营活动的总谋划、总方针和总部署，关系着企业的生存和发展。重视企业发展战略的研究，是企业发展实践的呼唤，也是经济全球化过程中更为复杂激烈的市场竞争的呼唤。从某种意义上说，加强企业发展战略的研究和设计，具有相当的紧迫性。

（一）战略营销观念的定义

战略营销观念就是用战略管理的思想和方法，对市场营销活动进行管理。它较之市场

营销观念、社会市场营销观念，思考问题的层次更高，考虑的问题更全面、更系统，理论体系更丰富、更完善。

20世纪70年代早期的经济冲击导致了"战略计划"观念的产生。波士顿咨询公司提出，不要对其所有的业务一视同仁，而应该根据各种业务的市场份额成长情况，决定哪些业务必须建立，哪些应该保留，或者收获，或者淘汰，这就是著名的"业务经营组合法"，或者叫作"波士顿分析矩阵"的战略分析评价方法。从这一思想中产生了"战略营销"这一概念。对营销者而言，营销并不仅仅意味着增加销售额。1986年，菲利普·科特勒提出了"10Ps"的战略营销，对我们从根本上理解营销战略管理的实质大有启发。

（二）战略营销观念的特点

战略营销观念源于企业的战略管理思想。战略营销观念强调：企业在目标上，通过战略管理创造竞争优势，向包括顾客在内的所有参与者提供最大的利益，战略营销注重方向性、长期性、竞争性、创造性、协同性和参与者的共赢性。

战略营销观念不同于传统市场营销管理理论的市场营销观念，两者的区别主要体现在以下四个方面。

第一，它们所追求的最终目标有根本区别。市场营销观念追求的最终目标是单纯企业利益最大化，这种利益可能是短期的，也可能是长期的。而战略营销观念追求的最终目标十分明确，即企业与社会整体长期利益同时最大化。

第二，它们确定所追求目标的主要动因有根本区别。从辩证法角度来看，任何事物的产生和发展都是内因和外因共同作用的结果，内因是变化的根据，外因是变化的条件。但是，从两种观念确定所追求目标的主要动因看，两者有根本区别。在市场营销观念指导下的企业追求自身经济利益最大化是企业作为经济主体的一种本能和内在冲动，可以极端地说无须外部环境的推动。而战略营销观念要求企业把追求自身经济利益和社会整体长期利益同时最大化作为最终目标，除了需要企业作为经济主体的一种本能和内在冲动的动力源外，还需要外部环境的推动和引导，而且这种"推动和引导"对于企业贯彻战略营销观念具有重要作用。

第三，它们的逻辑思路循环有区别。战略营销观念的逻辑思路是一个完整的闭循环系统，其中上一个环节与下一个环节之间具有逻辑上的因果关系，上一个环节目标的实现会促进下一个环节目标的实现，每一个环节目标的实现又会强化企业自觉贯彻战略营销观念的意识，实现企业与社会整体长期利益同时最大化。虽然市场营销观念逻辑思路也是六个逻辑环节连接的完整闭合循环系统，而且从起点开始上一个环节目标的实现也会促进下一

个环节目标的实现,但是每个环节目标的实现只会强化企业内在的盈利冲动和追求单纯企业利益最大化。

第四,它们在一些具体环节内容上和某些相同内容环节的逻辑排列上有很大差别。例如,在市场营销观念下的"组织生产经营活动"环节和"以销售产品为目的,以4P策略组合为核心的营销活动"环节之间是上下逻辑环节之间的关系,而在战略营销观念下的"组织生产经营活动"环节和"以6P策略组合为核心营销活动"环节之间是平行逻辑环节之间的关系,它们共同服务于以设计、传播、维护和完善目标企业形象为核心的信息传播活动。

(三)树立战略营销观念的必要性及措施

在国外,企业家和企业的高层主管、高层经营者,花在企业战略思考、战略研究上的时间,占其全部时间的一半或者更多。而在我国,企业的领导者花在发展战略方面的研究时间却少得可怜。着眼当前多,思考长远少,应对事务多,设计未来少。其结果往往是在瞬息万变的市场经济中迷失方向。每个企业都应拿出一定的时间和精力,研究自身的发展战略规划,确定企业的宗旨和经营观念,搞好市场定位,并将战略联盟、资本运作、品牌商品、营销模式,作为企业发展战略的手段,把握好企业自身的核心产业、扩张产业和高新产业。同时,还要对企业的文化战略、形象战略、服务战略进行研究,去探索和打开新的思路,去发现和追寻潜在市场。

我国企业应重视发展战略的研究。

首先,要不断解剖自己,做到"知己"。要认真分析本企业的"昨天"和"今天",找准自身的优势和劣势,要高瞻远瞩,研究和探索企业的"明天",对未来发展进行统筹规划,找准自己的着力点和突破点,培育和发展自己的产品竞争力,切莫故步自封。

其次,我国企业要不断分析对手,做到"知彼"。要以更多的注意力关注同行或竞争对手的动向和信息,了解竞争对手的产品产量、市场占有率和市场份额,把同行业中处于领先地位的企业所达到的标准、水平,作为衡量本企业的尺度,视为本企业的战略目标。

最后,我国企业要不断瞄准市场,做到"知市场"。要选择适合自己发展的营销战略和策略,瞄准国内市场和国际市场,并随着市场的变化进行经营性调整,练就一双敏锐的"市场眼"和提高观察市场、分析社会需求的洞察力,使企业在实际运营中不断增强适应环境变化的柔性,在国内国际市场上抢占一席之地。

四、树立知识营销观念

（一）知识营销理论的定义

所谓知识营销是指通过增加对消费者有关市场及产品的知识教育（学习），以知识推动市场，使消费者对新的需求产生认同感，从而促使消费者产生主动的购买行为。市场领域的不断创新主要得益于以知识为主线对消费者需求的持续开拓、引导，又得益于对消费者的教育，灌输有关的信息，使消费者掌握更多的消费知识，从而形成新的需求。

知识营销理论是关于将企业的相关信息和知识传递给目标客户群体的理论。知识营销是通过有效的知识传播方法和途径，将企业所拥有的对用户有价值的知识（包括产品知识、专业研究成果、经营理念、管理思想以及优秀的企业文化等）传递给潜在用户，并使其逐渐形成对企业品牌和产品的认知，将潜在用户最终转化为用户的过程和各种营销行为。

（二）知识营销的内容

21世纪以来，我国经济实现了飞速发展，步入了一个全新的社会形态，当今社会的知识营销主要包括学习营销与网络营销两个方面。

1.学习营销

知识经济时代，人类将进入学习社会，实现真正意义上的"活到老，学到老"。学习社会的到来，知识和信息的大爆炸决定了知识经济时代的营销是"学习营销"，它主要包括两个方面内容。一是企业向消费者和社会宣传智能产品和服务，推广普及新技术。对消费者进行传道、授业、解惑，实现产品知识信息的共享，消除顾客的消费障碍，从而"把蛋糕做大"。"学习营销"的第二层面是企业向消费者、同行和社会的学习。企业在进行营销的过程中不断地向客户及其他伙伴学习，发现自己的不足，吸取好的经验方法，补充和完善自己的营销管理过程。因此，"学习营销"是一个双向过程，互相学习、互相完善，最终达成整体的和谐。

2.网络营销

21世纪是网络营销的世纪，网络营销是知识经济与网络技术飞速发展的产物。简单地说，它就是利用Internet进行的企业营销。Internet为企业和客户建立了一个即时反映交互式的信息交流系统，拉近了企业与消费者之间的距离，具有很好的发展前景。

据Forester Research市场研究公司的数据，1999年单在互联网上的商品销售总额已达50多亿美元。

网络营销主要通过在Internet上建立虚拟商店和虚拟商业区来实现。虚拟商店又称为电子空间商店，它不同于传统的商店，不需要店面、货架、服务人员，只要拥有一个网址连通Internet，就可以在全世界进行营销活动。它具有成本低廉、无存货样品、全天候服务和无国界区域界限等特点。另外，在网络上还可同步进行广告促销、市场调查以及收集信息等活动。在这一方面，我国的"双十一""双十二"等网络营销做得颇为不错。

（三）树立知识营销观念的必要性

知识经济与经济全球化是至今世界经济发展的两大趋势，这两大趋势互为因果，又互相促进。这两者间有着很强的一致性、互促性和制衡性，知识经济促进了经济全球化，经济全球化进程的加快又会让全球进入知识经济时代。

在知识经济时代，产品的科技含量和知识密集度不断提高，同时生产的专业化分工不断加深，公众所掌握的科技知识向专业化的纵深方向发展。对非专业型的普通消费者来说，产品蕴藏的知识和消费者所具有的专业知识，必然存在很大的差异，消费者这种知识上的缺陷将阻碍其对产品的需求。知识营销通过向公众传递与专业产品相关的科普知识，正好可弥补消费者的知识缺陷，从而引起消费者对产品的需求。

第二节 重视企业组织结构的再造

组织转型与企业再造理论是现代管理学领域中两个流行的概念，企业组织结构的再造则是组织转型与企业再造的紧密结合，下面从企业组织结构的角度对再造理论进行分析探讨。

一、企业组织结构的重要性

企业要有效地实施其战略，企业内部的个体必须了解该战略并熟悉其细节，企业员工的活动也必须通过管理进行协调。企业的组织结构是保证企业战略决策和计划得以实现的基础，是进行控制和激励的依托。科学合理的组织结构能够在经营效益、经营成本和信息沟通之间进行有效平衡。这表明，对特定的企业而言，最佳的组织结构形式依赖于它所面临的特定环境，同时，它是由企业的管理人员所制定的战略发展而来的。

营销贯穿并协调企业价值链中的产、供、销、研发等各环节，开发各环节的价值，保证顺畅实现"惊险的一跃"。营销与企业的财务、生产、人力资源管理同等重要。作为企业团队组织的重要方面，在全球化市场中，营销活动必然要使用各种人才，利用资产的价值化形态的高流动性，学习"定制服务""精益生产"等各种新模式，以及各种新的业态形式，借助如电子商务等信息化管理手段，强化并延伸企业的价值链，紧随技术和市场的变化，高效配置资源和人力，满足市场需求，实现企业的战略目标。

二、企业组织结构再造

企业的组织再造就是要改变企业在工业时代构建的组织模式，充分利用信息技术手段和现代管理理念，建立符合信息时代要求的组织模式，主要包括改变企业内部层级式的组织结构、建立供应链组织和虚拟组织。企业供应链，也称企业网络，是指由同行业中具有上下游合作关系的企业组织所形成的企业群体。广义的供应链概念，则包括了从供应商到制造商、零售商和顾客整个范围，集合其共同的技术和资源，链接成垂直整合的团队以发展和配销产品，完成从生产到消费的整个过程。

（一）企业组织结构再造的内容

1.改变企业内部层级式的组织结构

（1）精简组织结构

精简组织结构可以直接导致企业组织结构的简单化。裁员是消肿的直接结果，它使企业降低了成本，增强了活力。精简组织可以从以下六个方面考虑。

①将关键部门的汇报层次提高到尽可能高的层面，与它们各自职能的重要性相一致。

②重新安排汇报关系，使有关部门向合适人员汇报。

③裁减使用不当的人员，尤其是管理人员，如可行的话，合并一些部门。

④尽可能减少管理部门汇报层次。

⑤根据生产组织中每个人的优缺点做最后调整。

⑥组织结构分析没有绝对标准，参照前述三个基本原则并结合个人判断。

（2）扩大管理幅度

管理幅度又称控制幅度，是指一名主管人所能够直接领导、指挥和监督的下级人员或下级部门的数量及范围。减少层次是以扩大管理幅度为前提的。只有有效扩大管理幅度，才能达到减少管理层次的目的。管理幅度的扩大取决于一定的因素，如管理者及其下属的

素质和能力、能否有效授权、信息沟通的现代化等。

决定管理幅度宽窄的主要因素一般有三个：管理者与被管理者的性格、知识、精力、经验、习惯、年龄、动机、作风等；组织的正式规定，如规章、制度、规划、纪律、责任、待遇、惯例，以及技术设备、氛围、人际关系、权力的集中程度等；社会的总体发展水平、社会对组织的需求、社会道德风尚及意识形态以及与组织有关的家庭或家族意志等。

对企业来说，确定管理幅度需要考虑多方面影响因素。

①计划制订的完善程度。事先有良好、完整的计划，工作人员都明确各自的目标和任务，清楚自己应从事的业务活动，主管人员就不必花费过多的精力和时间从事指导和纠正偏差，那么主管人员的管辖幅度就可以大一些，管理幅度大，管理层次就相对少一些；反之，计划不明确、不具体，就会限制管理人员的管辖范围，管理幅度就相对较小。

②工作任务的复杂程度。若主管人员经常面临的任务较复杂，解决起来较困难，并对企业活动具有较大影响，则直接管辖的人数不宜过多；反之，可增大管理幅度。

③企业员工的经验和知识水平。当管理人员的自身素质较强，管理经验丰富，在不降低效率的前提下，可适当增加其工作量，加大管理幅度；同样，下属人员训练有素，工作自觉性高，也可采用较大的管理幅度，让他们在更大限度上实行自主管理，发挥创造性。

④完成工作任务需要的协调程度。如工作任务要求各部门或一个部门内部协调的程度高，则应减少管理幅度，以较为高耸的结构为宜。

⑤企业信息沟通渠道的状况。当企业沟通渠道畅通，通信手段先进，信息传递及时，可加大管理幅度。

（3）扁平组织

传统的组织结构形如金字塔，它是组织不断分层的产物。几乎所有传统企业的管理组织均呈现金字塔形状，这也是管理经典理论所一再表达的原则。然而现代信息技术从管理幅度切入，寻找到突破口，使管理法则重新发挥作用：组织层次开始随管理幅度的增大不断缩小，随着人们管理下属的能力的大幅度增强，企业组织由金字塔形向扁平形转化。

扁平化得以在世界范围内大行其道，主要有三方面原因：一是分权管理成为一种普遍趋势，金字塔状的组织结构是与集权管理体制相适应的，而在分权的管理体制之下，各层级之间的联系相对减少，各基层组织之间相对独立，扁平化的组织形式能够有效运作；二是企业快速适应市场变化的需要，传统的组织形式难以适应快速变化的市场，为了不被淘汰，就必须实行扁平化；三是现代信息技术的发展，特别是计算机管理信息系统的出现，使传统的管理幅度理论在某种程度上不再有效。虽然管理幅度增加后指数化增长的信息量和复杂的人际关系大大地增加了管理的难度，但这些问题在计算机强大的信息处理能力面

前往往都能迎刃而解。

扁平化组织与传统的科层制组织有许多不同之处。科层制组织模式是建立在专业分工、经济规模的假设基础之上的，各功能部门之间界限分明。这样建立起来的组织必然难以适应环境的快速变化。而扁平化组织，需要员工打破原有的部门界限，绕过原来的中间管理层次，直接对顾客和公司总体目标负责，从而以群体和协作的优势赢得市场主导地位。扁平化组织的特点包括五个方面。

①以工作流程为中心而不是部门职能来构建组织结构。公司的结构是围绕有明确目标的几项"核心流程"建立起来的，而不再是围绕职能部门；职能部门的职责也随之逐渐淡化。

②纵向管理层次简化，削减中层管理者。组织扁平化要求企业的管理幅度增大，简化烦琐的管理层次，取消一些中层管理者的岗位，使企业指挥链条最短。

③企业资源和权力下放于基层，顾客需求驱动。基层的员工与顾客直接接触，使他们拥有部分决策权能够避免顾客反馈信息向上级传达过程中的失真与滞后，大大改善服务质量，快速地响应市场的变化，真正做到"顾客满意"。

④现代网络通信手段。企业内部与企业之间通过E-mail、办公自动化系统、管理信息系统等网络信息化工具进行沟通，大大增加管理幅度并提高工作效率。

⑤实行目标管理。在下放决策权给员工的同时实行目标管理，以团队作为基本的工作单位，员工自主做出自己工作中的决策，并为之负责，这样就把每一个员工都变成了企业的主人。

2.建立供应链组织

供应链经济是20世纪80年代末才被人们使用的新概念。企业通常是以规模经济和范围经济（专业化和多样化）来提升竞争力的，立足于企业本身，独享经济成果。供应链经济则不同，只有当企业积极与其他企业联合，注重利用企业外部的资源，才有获利的可能。理想的供应链经济效果，是整体分工的规模经济和范围经济基础上的整合。供应链经济是与信息社会相适应的一种经济。

（1）供应链的构建

当前激烈的同质化市场价格竞争的背后实际上是供应链的竞争。在麦肯锡的一次调查中，有68%的全球企业受访高管认为未来5年供应链的风险将进一步增加。现代企业的竞争已经不单纯是产品和服务的竞争，而是商业模式的竞争，供应链则是串联整个商业模式的链条。

在构建供应链的过程中，企业要考虑自己的客户细分是小众市场还是大众市场，其活

力是短暂还是持久；价值主张是深层次隐性需求还是显性需求，是当下需求还是未来需求，客户为什么选择；这些价值主张需要哪些核心资源和关键流程作为支撑，通过什么渠道和客户进行接触和建立何种客户关系，再考虑如何从客户细分获得收入来源，最后从收入来源进行逆推，构建出最适合的供应链，让产品以合理的成本到达客户手中。

同时，从更高的角度看，市场上没有企业，只存在供应链，而企业本身只是其中的一个环节，因此，供应链的成败一定程度决定供应链上所有企业的成败。可以说，供应链是一个生态系统，企业在供应链运营之初就应该确立主轴，如蜘蛛织网，由内而外把生产、运营、管理、营销、通路等各个要素渐次拉线连接，每一个圆周线与主线、辅线产生交叉点，这个交叉点，就是供应链上所有企业的利益共同点。形成定位明确、分工细致的机制，盈利就不是指日可待，而是触手可及。

（2）供应链管理

常见的供应链管理的方法包括快速反应（QR）和有效客户反应（ECR）。快速反应（Quick Response，QR）是指物流企业面对多品种、小批量的买方市场，不是储备了"产品"，而是准备了各种"要素"，在用户提出要求时，能以最快速度抽取"要素"，及时"组装"，提供所需服务或产品。QR是美国纺织服装业发展起来的一种供应链管理方法。

有效客户反应（Efficient Consumer Response，ECR）是1992年从美国的食品杂货业发展起来的一种供应链管理策略，也是一个由生产厂家、批发商和零售商等供应链成品组成的，各方相互协调和合作，更好、更快并以更低的成本满足消费者需要为目的的供应链管理解决方案。有效客户反应以满足顾客要求和最大限度降低物流过程费用为原则，能及时做出准确反应，使提供的物流供应或服务流程最佳化的一种供应管理战略。

ECR主要以食品行业为对象，其主要目标是降低供应链各环节的成本，提高效率。QR主要集中在一般商品和纺织行业，其主要目标是对客户的需求做出快速反应，并快速补货。这是因为食品杂货业与纺织服装业经营的产品特点不同：杂货业经营的产品多数是一些功能型产品，每一种产品的寿命相对较长（生鲜食品除外），因此，订购数量过多（或过少）的损失相对较小；纺织服装业经营的产品多属创新型产品，每一种产品的寿命相对较短，因此，订购数量过多（或过少）造成的损失相对较大。此外，两者之间的差异还体现在以下四个方面。

①二者的侧重点不同。QR侧重于缩短交货提前期，快速响应客户需求；ECR侧重于减少和消除供应链的浪费，提高供应链运行的有效性。

②二者的管理方法的差别。QR主要借助信息技术实现快速补发，通过联合产品开发缩短产品上市时间；ECR除新产品快速有效引入外，还实行有效商品管理、有效促

滚动。

③二者适用的行业不同。QR适用于单位价值高，季节性强，可替代性差，购买频率低的行业；ECR适用于产品单位价值低，库存周转率高，毛利少，可替代性强购买频率高的行业。

④改革的重点不同。QR改革的重点是补货和订货的速度，目的是最大限度地消除缺货，并且只在商品需求时才去采购；ECR改革的重点是效率和成本。

虽然两种管理方法有着本质上的区别，但是两者之间也有共同之处，主要表现为超越企业之间的界限，通过合作追求物流效率化。具体表现在三个方面：一是贸易伙伴间商业信息的共享；二是商品供应方进一步涉足零售业，提供高质量的物流服务；三是企业间订货、发货业务全部通过EDI来进行，实现订货数据或出货数据的传送无纸化。

3.虚拟企业

虚拟企业是当市场出现新机遇时，具有不同资源与优势的企业为了共同开拓市场，共同对付其他的竞争者而组织的、建立在信息网络基础上的共享技术与信息、分担费用、联合开发的、互利的企业联盟体。相互平等独立的企业关系既保证了各合作方采用自己最优技术，包括专有技术和技术诀窍投入子项目开发，又不会担心这些技术会泄露，从而保证子项目的质量。它是伴随信息网络技术发展而产生的一种全新的企业经营方式，是供应链企业的一种典型组织形式，也称业务外包和战略联盟。虚拟企业是依靠信息技术手段，将供应商、顾客，甚至竞争对手等独立企业连接而成的企业供应链，目的是实现双方技术、优势的共享，分担成本以及市场渗透。

虚拟企业有如下特点。一是信息网络化运作。虚拟企业通过网络可以将世界范围内的企业联结起来。二是优越性。参与者带来了其核心竞争能力，能够组成一种卓越的组织。三是彼此信任。这种合作关系需要更多的是信任，密切合作可以使参与者更加信赖对方。四是组织无边界。这种新型的公司模式重新定义了传统企业的边界。人们将难以辨别一个企业从哪里开始，在哪里结束。五是临时性。参与关系可因某种市场机会迅速结盟，也会因某些原因变换组织成员。

耐克公司虽然是世界最大的旅游鞋公司，却没有自己的工厂。公司将主要的财力、物力和人力投入到产品的设计和销售上，将产品生产外包给其他企业生产。它先后与马来西亚、英国和中国等地的公司进行合作，都取得了巨大成功，从1985年到1992年，利润增长了24倍。著名的戴尔计算机公司也是虚拟化运作的成功企业。

（二）企业组织结构再造的方法

美国现代管理学家米歇尔·哈默在1990年提出了企业再造的概念，企业再造的根本思想就是彻底摒弃大工业时代的企业组织结构模式，重新建立适应于当代信息化与全球化需要的新企业组织结构模式。在这个概念中，强调的是"根本、彻底和显著"。对企业来说，再造不是对企业的局部改良，而是业务流程的根本变革，并且要求在再造之后取得企业业绩的显著改善。据统计，美国FORTUNE杂志所排的500家大企业部分已经实施了企业再造。对于我国企业来说，由于经营环境各方面的条件都发生了变化，企业再造已是势在必行。企业再造的目标是通过企业组织结构的重新设计，在企业中建立起适应新经济环境需要的组织结构模式，从而提高企业的核心竞争能力、改善企业组织的市场竞争地位与提高企业组织的经济效益。当前我国企业在进行组织结构的再造时，应该采取整体再造的方式，即从根本上对现有企业的组织结构模式进行变革，在彻底破坏旧的组织结构的基础上建立新的组织结构，即在企业中建设与发展球队型组织。

企业组织结构再造是一项复杂的系统工程，它包含着企业组织内部、企业组织与企业外部之间的工作流程的分析与设计以及企业组织的具体设计的方方面面。根据企业组织在进行结构再造时的侧重点与组织结构再造的出发点的不同，企业组织结构再造可以有以下三种常用的方法，企业应该根据具体情况选择适合自身的企业组织结构再造方法。

1.组织结构重组法

组织结构重组法就是通过企业组织结构的重组来实现企业组织结构的再造。企业组织结构重组的主要内容包括扩大管理的授权与跨越企业的传统边界。集权是直线制组织结构的重要特征，但知识经济对集权提出了挑战。民主管理与人本主义管理原理的盛行要求管理者充分相信员工的能力，将原来归于管理者的部分权力分散给员工，以发挥员工的能动性。传统的直线制组织结构往往注重于企业边界的保持，保持边界的结果则是企业之间紧密联系的割裂，从而造成企业间不必要的冲突，增加企业摩擦成本与协调成本。企业在进行组织结构的再造时，将某些生产流程的安排和其他企业相结合，将能产生更为惊人的效果。

2.业务流程重组法

业务流程重组法就是通过企业组织内外业务流程的重组来实现企业组织结构的再造。所谓业务流程重组即将企业业务执行过程中的顺序流程改为平行流程以提高工作速度。循序渐进一直以来都是泰勒流水线生产原理的基础，而生产实践证明了顺序流程的不合理性，生产实践更倾向于将原来的顺序流程改革为水平并行流程。传统的直线制组织结构以

分工的无限细化为目标，但随着技术进步和人员素质的提高，许多细化的分工已成为多余，将其合并反而能更有效地提高企业经营效益。

3.改革企业组织的控制方法

控制是企业组织管理的一项重要职能，也是传统管理职能的重要组成部分，但不同的控制方法所得到的效果与付出的控制成本是不相同的。传统企业组织中的控制方法多数是有缺陷的，尤其是某些不必要的控制或检验，除了增加控制成本外，对企业效益并无其他的贡献。因此，寻找更为有效的控制方法、手段，也是现代企业组织结构再造过程中的一项重要任务，通过对企业控制方法的改进也可以在一定程度上实现企业组织结构的再造。

（三）企业组织结构再造应注意的问题

在企业组织结构再造过程中，最容易出现的问题就是，在重新设计企业组织结构、业务流程与管理流程时，只重视削减企业的经营成本而忽视了保持或提高企业的服务水平，致使顾客满意程度下降，使得企业在组织结构再造后不仅没有达到提高经营效益的基本目标，反而导致用户的流失，造成企业的衰落与失败。当前我国企业组织结构再造的根本目的就是提升企业的组织工作效率，并以此来提高我国企业的整体市场竞争能力。因此，企业组织结构再造不是一般的企业缩减编制或裁员，而是要求企业在现有经营活动领域中通过对自身不合理的内容进行变革，促进企业组织结构的紧凑化与高效化。

在企业组织再造方面，应该注意正确处理好四种关系。一是总公司与子公司的关系，母子公司体制是现在大量企业所采用的一种组织框架，但是母子公司体制要真正做到能有效地协调母子公司的关系，并且能够使企业真正充满活力，又不会失控，这实际上是很艰难的事，只有在产权、权力和责任方面进行明确的界定才能构建企业管理的最基本框架。二是事业部制与分公司的关系，应该明确分公司不是一个独立法人，实际上只是一个比车间更具有相对独立性非法人地位的公司，一个企业到底是实行事业部制还是母子公司制，并没有一个千篇一律的模式，完全取决于企业的生产力发展状况。三是纵向管理与横向管理的关系，一些企业之所以出现管理混乱、相互推诿的情况，主要是横向管理过宽、过度造成的。企业组织再造必须注意这个问题，即使需要增加横向管理，也必须注意方式的科学性和规范性。四是处理好管理与决策的关系，这就要求建立规范的法人治理结构，不能搞一言堂。

具体而言，当前我国企业在实施组织结构再造活动时，应注意避免出现以下问题。

①企业组织结构的再造简单地流于形式，而不注重其内容，更不注重其实践。

②企业组织结构再造时避重就轻，不敢对现有企业组织结构进行伤筋动骨的手术。

③片面追求企业经营活动成本的降低，忽视企业服务质量问题，从而造成对企业竞争能力的伤害。

第三节　基于市场营销力培育企业持续的竞争优势

一、企业竞争优势概述

（一）企业竞争优势的概念

"竞争优势"的概念最早是在1939年由英国经济学家张伯伦在其著作《垄断竞争理论》中提出的。此后，霍弗和申德尔等人把这个概念引入战略管理领域。美国哈佛大学迈克尔·波特教授的著作《竞争战略》《竞争优势》，使竞争优势真正得到理论界和企业界的关注。波特教授没有直接对竞争优势做出明确的学术性定义，他在其《竞争战略》一书中指出，竞争优势，就其根本而言，来源于一个企业所能为一个买主提供的价值，这个价值高于企业为之付出的成本，对于对手而言，卓越的价值在于为顾客提供同等效用同时价格低廉，或者为顾客提供独特的效用而顾客愿意为之付出高昂的价格。迈克尔·波特教授对企业竞争优势的理解是以市场和顾客为基准的，并强调了顾客价值。

后来不同学者从不同角度对企业竞争优势有着不同的界定和理解。Varadarajan（瓦拉达拉金）和Jayachandran（贾雅彻德伦）从经济学角度把企业获取高于行业平均水平的利润（超额利润）的状态定义为企业竞争优势。Foss（福斯）认为，企业竞争优势就是企业寻租。Hofer（霍弗）和Schendel（申德尔）从企业资源和能力的角度界定企业竞争优势，认为企业竞争优势就是一个组织通过其资源的调配而获得的相对于竞争对手的独特性市场位势。不少资源与能力学派的学者将企业竞争优势与能够使企业在市场中更有效地竞争的资源和能力等同起来。还有部分学者从企业的外在表现界定企业竞争优势。Barney（巴尼）认为，当一个企业能够实施某种价值创造性战略而其他任何现有的和潜在的竞争者不能同时实施时，就可以说该企业拥有竞争优势。Besanko（贝赞可）、Oranove（奥兰夫）

和Shanley（沙利）认为，当一个企业的表现超出该产业的平均水平，那么该企业就具有竞争优势。A.汤姆森和A.J.斯迪克兰德三世认为，只要一个企业在吸引消费者保持竞争力方面相对竞争对手拥有优势，那么就可以说该企业拥有竞争优势。

不同的学者在企业竞争优势的界定上由于视角的不同而存在差异，但存在一些共同的地方：一是企业竞争优势是与竞争对手相比较而言的一种特征或状态；二是企业竞争优势的一个可衡量的标准是看它能否使企业在一定时期获得超额利润；三是企业竞争优势的根本来源是为顾客创造价值。竞争优势，简单地说，就是在价值创造方面比竞争对手做得更好，一个企业在一定时期和空间内相对于另外一个或几个竞争对手，在可以比较的任何层级或维度上能够为顾客创造更多价值的差异。企业在市场中获得盈利所必须拥有的技能和资产是获得竞争优势的必要条件，是成功的关键因素。企业在具体的业务职能中，比对手做得更出色的能力，则是获得竞争优势的充分条件，这种独特能力的不可模仿性越强，则一般的竞争优势越明显；越不可模仿，盈利的持续性就越强。企业的战略定位并不能保证持久的营利性，除企业所具有的技术能力、环境适应力、资源配置能力之外，那些能形成企业竞争优势的核心能力同样直接和重要。其中，企业的营销能力和技巧，即市场能力是核心竞争力之一。

（二）企业竞争优势的内涵

1.企业竞争优势的主体或比较的对象是企业

竞争优势根据比较的层面的不同是可以划分为多种的。根据主体的空间与地理的不同，竞争优势可以划分为三个不同的层级，包括企业竞争优势、区域竞争优势和国家竞争优势。根据比较的具体对象上的不同，竞争优势又可以划分为文化竞争优势、战略竞争优势、品牌竞争优势、产品竞争优势、渠道竞争优势、价格竞争优势等。

2.企业竞争优势存在于一定时期和空间内

企业竞争优势实际上是一种差异，这种差异只是存在于一定时期和空间内的。由于竞争对手的模仿等外在因素以及企业本身内在因素，它很难永远存在，也不可能在所有市场区域内存在。

3.企业竞争优势具有差异性

这种优势与企业现有的和潜在的竞争者相比，是它们所不具备的，必须是存在差异的，这种差异包括是否存在和在程度或强度上的不相等两种情况。如果这种优势竞争对手都具有，并且是相同的，那么就不能称为企业竞争优势。

4.企业竞争优势产生于企业为顾客创造价值的过程、环节与方法中

企业竞争优势最终体现在顾客价值创造上，贯穿在企业为顾客创造价值的整个过程、各个环节以及方式与方法中。当现有的和潜在的竞争者没有实施与本企业相同的顾客价值创造过程、环节与方法的时候，我们就说企业具有竞争优势。

5.企业竞争优势的衡量标准是顾客需求满足的程度

如果企业能够很好地满足顾客的需求，并且为顾客创造比竞争者更多的价值，企业就有竞争优势。这就是说，衡量一个企业是否具有竞争优势，是站在现有和潜在用户的角度上，而不是站在企业角度上。

（三）企业竞争优势的特征

企业竞争优势的特征主要表现在以下五个方面。

1.企业竞争优势具有相对性

任何企业竞争优势都在一段时间和一定空间内相对于竞争对手而言存在，面对不同的竞争对手，企业有着不同的优势领域及优势程度。因此，企业竞争优势是相对竞争优势，不是绝对竞争优势，绝对的竞争优势在竞争激烈的市场中是不可能出现和存在的。企业竞争优势的相对性体现在时间上的相对性、空间上的相对性以及竞争要素的相对性。

2.企业竞争优势具有时间性和空间性

企业竞争优势具有时间性和空间性，即企业的竞争优势应该是一定时间和空间前提下的竞争优势。按时间维度来划分竞争优势，可以分为短期、中期和长期的竞争优势；按空间维度划分，可以分为地区性、全国性和全球性竞争优势。

3.企业竞争优势具有动态性

由于市场环境变化及企业内部条件变化，企业竞争优势会发生变化。从企业竞争优势的整个流程来看，企业竞争优势存在着培育、维护、提升与消亡的过程。当然，企业竞争优势也并不是一定都会经历每个过程。

4.企业竞争优势具有双重性

企业竞争优势产生于企业为顾客创造价值的过程、环节、方法与方式。这样的过程、环节、方法与方式一方面是与竞争对手不同，另一方面取决于消费者的识别和认同。只有当这两个方面协调统一，企业才具有可靠的竞争优势。

5.企业竞争优势具有获益的现实性与潜在性

企业所具有的竞争优势并非能够完全转化为企业的效益。若在一定市场环境中，企业的竞争优势与消费者的需求相一致，则会转变为企业的现实效益。如不一致，则只

能产生较少的效益，甚至不会产生效益。此时，企业竞争优势仅仅是企业获益的潜在优势。

二、企业竞争优势与营销力的关系剖析

（一）营销力的内涵和产生基础与动因

1.营销力的概念与内涵

目前，对企业营销力概念的界定，不同的学者有不同的观点，还没有一个统一的界定。程艳霞（2005）对众多学者的企业营销力界定进行了较系统的分类，大体上分为资源学说流派、竞争学说流派、要素学说流派、交叉综合学说流派和动力学说流派，在对各流派进行评析的基础上提出了"营销力"的概念，认为营销力是企业有效整合其内外资源，进而在市场营销层面上加以合理配置和运用，并在动态环境中不断强化和提升，使企业获得竞争优势的一种整合力。笔者在此基础上稍作调整，认为营销力是企业在市场竞争条件下，有效整合其内外部资源，合理开展营销活动，科学实施营销行为，并在动态环境中不断强化和提升，使企业获得竞争优势的一种能力。

（1）营销力是企业有效整合和科学运用其资源的能力

企业内外资源包括人力资源、财务资源、技术资源、物质资源、文化资源、信息资源、客户资源等。企业在有效整合和科学运用其资源过程中，首先，从企业整体全局视角来配置资源。其次，保证企业内外资源在企业不同时期不同部门的动态配置。企业在产品的设计、研发、生产制造以及销售等各个阶段对企业资源的需求以及对各部门的要求是不同的，就需要从企业全局对企业资源进行再配置，保证企业资源在整个营销活动中得到充分及时的运用，避免资源的闲置与浪费。

（2）营销力是合理开展营销活动、科学实施营销行为的能力

营销活动和营销行为是企业生产经营活动的重要组成部分，对企业经营业绩和发展壮大具有决定性的作用。营销力是从企业内外资源和环境出发，合理开展营销活动，科学实施营销行为的一种能力，从而有效达到营销目标，创造顾客价值，促进和实现企业发展战略。

（3）营销力是企业在动态营销环境中不断地强化和提升的能力

营销力是企业在长期的营销过程中，通过不断地解决各种营销问题和不断地学习而培育和发展起来的。在这个过程中就需要不断地推陈出新，超越过去，这本身就需要不断地

强化和提升。同时，营销力在发挥作用的过程中，企业内外环境总是处在变化之中，这就决定了一段时期内营销力所获得的竞争优势具有时间上的相对性。因此，企业资源及资源的整合与运用方式就应随着环境的变化做出相应的调整。

（4）营销力是能为企业创造竞争优势的能力

营销力以开发和利用营销机会为前提，通过有效整合和合理运用企业内外资源，开发出能够满足市场需求的产品和服务。与竞争者相比，其产品和服务能为顾客创造更多有形和无形的价值，使顾客满意，获得顾客忠诚。在为顾客创造更多价值的同时，也为企业创造了更多价值，使企业得到比竞争对手更高的利润。

（5）营销力源于营销能力而又高于营销能力

营销能力是以营销部门为视角，开展营销活动的能力。而营销力是在营销能力的基础上，从企业全局出发，以竞争为导向，超越企业营销部门的狭隘视角，整合运用企业内外资源，综合有效开展营销活动与实施营销行为，从而获得竞争优势的能力。因此，它在基础、视角以及结果上都超越了营销能力。营销能力是营销力的前提和基础，只有当营销能力充分发挥和释放时才有可能形成营销力；营销力是营销能力的升华和超越。

2.营销力的产生基础

（1）人力资源

人力资源包括员工个人的技术水平、企业员工的整体素质与知识技能结构。营销力属于知识与能力的范畴，其实质上是企业组织中累积形成的特殊知识与能力；而知识与能力作为一种特殊资源，人是其重要载体，营销力需要通过企业员工的学习和创新获得。因此，人力资源是营销力产生的重要基础和保障。

（2）技术体系

技术体系是包括硬件和软件的相互配合与协调，由一系列配套的技术专利、技术诀窍、设施装备、技术规范组成的有机系统，它既包括以研究开发为表现形式的隐性技术系统，又包括以核心技术和一般技术为表现形式的显性技术资源。营销力的生成需要人力资源有效支配技术体系，发挥出双方的作用；技术体系是营销力产生的重要支撑条件。

（3）管理体系

管理体系包括管理模式、激励机制、文化形成和组织学习等机制，它通过各种规章制度、组织系统及企业文化，对企业的生产经营和研究开发活动进行组织、激励与控制。其中，规章制度是企业管理体系运行的基本依据，组织系统是管理体系运作的载体，企业文化是管理体系顺利运行的润滑剂。好的管理体系可以将各种分散的人力和技术资源有效地组织协调起来，发挥企业的整体优势。人力资源与物质资源以及技术体系的运用，需要管理体系的维系。因此，管理体系是营销产生的重要纽带。

（4）信息系统

随着市场竞争的加剧和科学技术的迅猛发展，产品和技术的生命周期大大缩短，更新换代的速度日益加快。企业能否及时获取最新技术、产品和市场等信息，并在组织内部迅速准确传递、处理是企业获得和保持营销力的前提。

（5）价值观

价值观指在企业占统治地位的规范、态度和行为，是企业文化的一部分。在企业经营思想中占主导地位的价值观念是构成企业营销力的无形因素，它通过影响企业员工的行为和偏好，从而体现在企业经营决策和管理实践中。

3.营销力产生的内在动因

（1）企业家的创造

企业家是一个社会中最宝贵的资源，所有其他的资源，包括技术资源、资金资源、人力资源、客户资源、物质资源等，在企业家的计划、组织、协调、决策和控制之下得到良好组合与运用，从而能够发挥各自的效用，满足顾客的需求，也创造了社会财富。从这个角度来讲，可以把企业家看成营销力生成的内在动力的核心。

（2）企业生存和发展的要求

企业是自主经营、自负盈亏的营利法人实体。企业需要关注其内外环境，以市场为导向，以顾客为中心，把握市场机会，高效整合与合理配置企业内外各种资源，有效提供顾客所需要的产品与服务。因此，在为顾客创造价值的同时，企业自身也获得利润，只有在获得利润时才能维持其生存和发展。

（3）市场竞争的推动

随着全球经济一体化的发展，国外大量跨国大企业纷纷涌入中国市场，我国企业面临着国内市场国际化。在此背景下中国企业以及国外企业间相互竞争，特别是这些跨国企业具有资金充足、技术领先、管理先进、品牌竞争力强的优势，使市场竞争的激烈程度逐步加剧。为了在竞争中获得一定市场份额，企业必须形成良好的营销力，从而有效整合与科学配置其内外资源，合理开展营销活动、科学实施营销行为。

（4）消费者需求的拉动

当今的市场已是消费者主导的市场，消费者成为市场的中心。企业需要树立强烈的市场意识，高度认识和把握消费者的需求。企业一切生产与经营活动是围绕消费者的需求展开的，消费者需求的有效满足是企业生存与发展的根本。企业在把握目标市场的情况下，有效组织其内外资源，开发、生产、销售产品。

（二）营销力的构成指标

营销力是一种综合能力，由多种能力构成。从资源的表现形态以及企业竞争优势所涉及的范围来看，笔者认为现代企业营销力主要由产品力、价格力、渠道力、销售力、信息力、执行力、协同力、品牌力、战略力和文化力这十种基本力量构成。每一种力量都有其各自的功能，并发挥着不可或缺的作用。

文化力、战略力和品牌力属于营销力系统上层，对整个营销力系统起着全局性的决定作用。产品力、价格力、渠道力和销售力属于营销力的主导力量，是对营销力的形成起着主体作用的基本力。信息力、协同力和执行力贯穿于营销力的营销核心力和基本力中，对它们作用的发挥起着重要的支撑与辅助作用。因此，笔者把文化力战略力和品牌力称作营销核心力，把产品力、价格力、渠道力和销售力称作营销基本力，把信息力、协同力和执行力称作营销辅助力（见图4-1）。

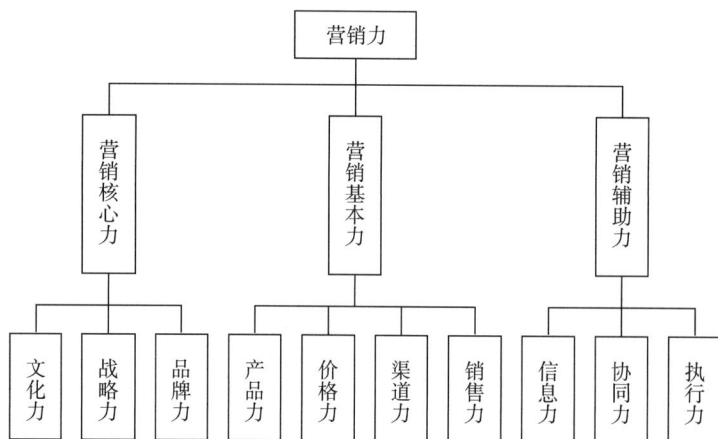

图4-1　营销力的构成指标

1.营销核心力

（1）文化力

企业文化力集中体现为对企业生产、经营和管理活动的导向、凝聚和改造作用。文化力以无形的软约束力量构成企业运行的内在驱动力，成为企业的管理之灵魂，影响着整个营销力系统。文化在企业中发挥着思想与行为上的导向作用、凝聚与改造作用。文化力主要表现在其导向力、凝聚力和改造力三个方面。

企业文化的核心是企业核心价值观体系，它对企业员工思想与行为以及企业经营具有重要的导向性作用，故被称为文化导向力。文化的凝聚力是企业生存与发展的根本保障。

企业文化的凝聚力体现为企业员工紧密团结，把自己的命运同企业的命运紧紧联系在一起。通过文化的凝聚力，也可以与企业的顾客和合作者建立长期稳定的同盟关系。强大的凝聚力会促使企业文化向更高层次发展。凝聚力主要产生自企业制度的强制约束和文化统治的软性促进，它的形成是一项长久的工作。文化力的第三方面——改造力体现在其能改变员工旧有的价值观念，建立起新的价值观念，使之适应企业正常实践活动的需要。

（2）战略力

企业的可持续发展需要企业根据内外环境和条件做出长远与全局的部署和规划。企业战略涉及企业长远与全局的规划和发展，是企业生产与经营的指导方针。在战略制定和选择方面面临着一个突出问题，那就是如何在越来越复杂多变，或者准确地讲是在动态竞争的条件下，通过有效地实施企业战略管理，保证企业长期、稳定和持续地获得高于市场平均水平的收益率。而在动态环境下企业战略管理制定与实施成功以及战略管理作用发挥，其核心就是企业战略力的培育与构建。笔者认为，企业战略力是指企业根据企业内部条件和企业外部环境，合理制定与成功实施战略以保证企业持续发展的能力。

（3）品牌力

美国市场营销协会对品牌的定义为：品牌是一种名称、术语、标记、符号、设计，或是它们的组合运用，其目的是借以辨认某个销售者或某群销售者的产品或服务，并使之同竞争对手的产品和服务区别开来。品牌力是指企业品牌与竞争品牌相比能更好地满足消费者的需求，从而扩大市场份额，获取高额利润的能力。

一般而言，一个品牌包括品牌形象、品牌认知、品牌传播和品牌扩张等几个方面。据此，笔者把品牌力分为品牌形象力、品牌认知力、品牌传播力和品牌扩张力。形象力是企业品牌力的反映，是企业综合素质的表征，也是社会对企业的总体评价，它受产品的功能、质量、品牌标识、品牌信誉以及品牌文化等因素的影响。品牌认知力是企业品牌被消费者接纳和认可的能力，它依赖于品牌形象力，品牌形象力是企业品牌认知力的基础。舒尔茨曾提出："在现今同质化的市场中，唯有传播能够创造出差异化的品牌竞争优势。"传播力随着产品在市场上面临的竞争越来越激烈，其作用越来越受到企业重视。品牌扩张力是企业实现其市场扩张和利润增长的"高速路"，它强调的是企业对强势品牌资源充分开发和利用的能力，即使品牌生命不断得以延长，品牌价值得以增值，品牌的市场份额不断扩大的能力。

2.营销基本力

（1）产品力

产品力是指企业产品所具有的市场竞争力，是企业营销力的基础。产品是企业与消费

者沟通的桥梁，是企业价值实现的载体。因此，产品力在企业竞争优势的培育中具有重要地位。根据产品的层次结构，产品力也可划分为价值力、质量力、服务力。产品价值力是指产品满足消费者心理或生理上的需要，使消费者得到满足的能力，因此，产品价值力是产品力的核心。质量力是消费者需要得到满足的根本保证，是产品力的基础。服务力是产品力的重要支撑和辅助，它能增强产品价值力。

（2）价格力

价格是影响消费者购买决策的一个非常重要的因素，是企业获得竞争优势的一个重要来源。价格力是某一产品与同类产品相比，吸引消费者购买，并获得利润的能力。一件产品的价格从消费者和企业两个视角突出地表现为价格吸引力和盈利力。

价格吸引力是决定消费者是否购买以及购买数量与次数的至关重要的因素。价格吸引力的大小由多种因素决定，从企业角度来看，主要包括产品品牌、产品质量、产品服务。产品服务水平实质是决定顾客价值的一个重要方面，在产品日益同质化的情况下，产品服务是增强差异的一个重要手段和途径。价格盈利力是产品价格为企业获得利润的能力，主要取决于产品品牌、企业技术水平和产品成本。优秀品牌是个性、质量与品位的象征，具有较高产品溢价能力。企业技术水平决定了产品的技术含量，也影响着产品的成本。产品成本直接决定着产品的价格和产品的利润。

（3）渠道力

在"渠道为王"的今天，渠道的作用和地位更是毋庸置疑。渠道力是指企业的营销渠道在市场上整合形成的竞争力。企业的渠道力蕴含着企业与其所拥有的营销渠道及其各个渠道成员之间相互依存的关系，蕴含着企业在运作和管理营销渠道时对整个渠道系统的整合力量，也蕴含着企业对营销渠道终端的控制力量。因此，渠道力主要包含关系力、整合力和控制力三个要素。

关系力主要是指企业与渠道成员之间所建立关系的紧密程度。企业的这种关系力是以本企业为出发点、以营销渠道为载体而建立的。在渠道力中关系力是服从整个渠道的，企业通过各个渠道成员来体现关系力的价值。而在各渠道成员之间所形成的关系力是基于业务流程需要而建立的，其所形成的竞争优势也是以企业与其渠道成员的合作为前提和基础的。整合力则指的是企业对营销渠道的运作和管理，使营销渠道能够相互协调，充分发挥整体作用与效应。企业营销渠道的整合力不仅能达到双赢、促进双方目标的实现，还能使双方获得竞争优势。控制力体现的是企业对渠道终端的了解和把握。

（4）销售力

笔者所指的销售力是指企业把产品交付给销售商、代理商等中间组织或消费者，而回

收款项的整体销售能力，主要包括企业人员力、广告力和推广力。

人员力，即人员推销力，是建立在销售团队管理及个人业务素质和技巧基础之上的整体销售能力。所有的销售团队和销售人员所表现出来的创造性的推销活动，都是人员力的重要表现形式。人员力还意味着建立和管理有效的销售队伍的能力。广告力是企业销售力必不可少的组成部分，能够传递产品信息、促进销售、建立产品与品牌形象，能否形成具有竞争力的广告力将直接关系着企业竞争力的强弱。推广力，即营业推广力，是企业为鼓励购买、销售商品和劳务而采取的除广告、公关和人员推销之外的销售力的总称。推广力指企业短期的宣传目的，是鼓励购买的积极性，或宣传一件产品、提供一种服务的能力。

3.营销辅助力

（1）信息力

在当今信息社会，信息对于企业来说，其作用和地位举足轻重，企业的正常生产经营是无法离开信息的。企业信息包括企业内部信息和企业外部信息。企业内部信息涉及企业内部各个构成部分和要素。外部信息包含的内容更多，涵盖宏观的社会、政治、经济、文化、科技等以及中观的行业动态、竞争状况、消费趋向等。

根据信息的流程，信息力可分为信息搜集力、信息传播力和信息利用力。信息搜集力是企业及时收集和获得信息的能力。信息具有时效性，需要及时地获取，信息搜集力是信息力的基础，也是信息传播力和信息利用力的开端。信息传播力是信息力的中坚和纽带，信息只有传播到企业内部或企业外部才能发挥其价值和作用。信息利用力是对信息的分解、组合和运用的能力，是信息力的核心和关键。

（2）协同力

现代企业面临着企业内部与外部的复杂关系，存在内部与外部利益相关者，处理好与这些利益相关者的关系对企业的生存与发展具有重要作用与意义。协同力为企业协调其内外利益相关者，使其能够为了相同的目标和利益而团结协作，进而在市场上获得竞争优势的能力。根据其定义，它包含内部协同力和外部协同力两个方面。内部协同力使企业内部员工能够齐心协力，共同为了企业的目标而竭尽全力。外部协同力主要是处理好与企业外部机构组织及人员的关系，包括企业合作伙伴、消费者、新闻媒体、政府、社区等各种组织。外部协同力的关键是处理好与这些组织团体及个人的关系。从构成要素来看，协同力主要由沟通力、合作力和公关力构成。沟通力和合作力都包括企业内部与外部两个方面。公关力主要是针对新闻媒体、政府、相关社会组织等而言的，强大的公关力有助于企业生产经营的开展和进行，为企业创造良好的外部环境。

（3）执行力

执行力是决定企业成败的一个重要因素，是构成21世纪企业竞争优势的重要一环。在激烈竞争的市场中，一个企业的执行力如何，将决定企业的兴衰。企业执行力，是指企业的各个管理层次、各个经营单位、各个岗位的员工贯彻执行经营者制定的战略决策、方针政策、制度措施、方案计划和实现企业经营战略目标的能力。执行力贯穿在其他几个营销力之中，是营销策略得以实行和落实的重要保证。

（三）企业竞争优势与营销力的关系

1.企业竞争优势的强度性与营销力的关系

以竞争优势为本位的企业观认为，企业是一个多维的、动态演化的竞争优势集合，这种集合包括不同类型的竞争优势，这些优势同时作用，交互促动。企业竞争优势产生于企业为顾客创造价值的过程、环节与方法中。营销力是在企业的成长过程中不断地培育和发展起来的，是对企业内外资源的整合和应用以及在营销管理中创新的综合能力。它包括营销核心力，即文化力、品牌力、战略力，营销基本力，即产品力、渠道力、销售力，以及营销辅助力，即信息力、协同力、执行力。每种营销力都在顾客价值创造中发挥着独特作用，直接或间接地为顾客创造价值。每种营销力都是企业竞争优势的具体来源，对企业竞争优势的培育具有重要作用。从营销力的角度来讲，这些营销力的大小强弱直接决定着企业竞争优势的大小，同时这些营销力间的相互作用也影响着企业竞争优势。因此，营销力的大小强弱与企业竞争优势的大小强弱有着紧密的关系，它的大小与强弱是企业竞争优势的重要决定因素。

2.企业竞争优势的时间性与营销力的关系

由于市场环境及企业内部条件的变化，企业竞争优势会变强或变弱，甚至消失。企业的生存与发展不仅取决于所建立的竞争优势的大小，也取决于其竞争优势的时间长度。而这一时间长度既与资源和能力的持久性有关，又与竞争对手的模仿能力有关。因此，构成竞争优势的资源要素的流动性越弱，越不可复制，竞争对手的模仿难度也就越大，企业就越容易维持其竞争优势。营销力具有不易模仿性。浅层次上，各个企业内外资源本身就存在着差异；深层次上，对资源的整合和应用能力是不同的。一方面营销力是不易模仿的，尤其是营销核心力。文化力与品牌力是企业长期建设与累积形成的，具有无形性。另一方面，这些营销力的组合与运用是有所不同的。所以，即使营销力的某一方面可以被竞争者模仿，但从整体上来看，营销力是不易模仿的。此外，营销力是能够随着市场环境和企业内部条件而不断提升与创新的。因此，营销力是能够维持企业竞争优势的。

3.企业竞争优势的双重性与营销力的关系

企业竞争优势产生于企业为顾客创造价值的过程、环节、方法与手段，是在产品和服务上赢得用户的最终结果。一个企业是否具有竞争优势一方面取决于企业为顾客创造价值的过程、环节、方法与手段；另一方面则取决于顾客的识别和认同。只有这两方面协调统一，企业才具有可靠的竞争优势。营销力强调对企业内外资源的整合与运用，客户资源是企业外部至关重要的资源。实际上企业在其整合与运用中，是以为顾客创造可感知、可识别的价值为前提的。具体来说，产品力所涉及的质量、技术、价格以及服务均是有效地针对顾客需求的，满足顾客需要。渠道力所包含的渗透力和覆盖力是按照产品力的特点，也是按照顾客有效需求来打造的。销售力则更要以顾客的识别和认同为基本条件的。文化力中必不可少的一点就是以顾客为中心的基本思想，一个缺乏这种基本思想的文化力是没有生机与活力的。品牌力所包含的价值、属性、个性与利益也是为其顾客识别和认同的。战略力突出对市场环境和消费趋势以及企业自身情况的把握，是针对现实顾客或未来顾客的全局的长远的规划能力，根本上是以为顾客创造可感知和识别的价值为核心。

三、基于营销力的企业竞争优势培育

以竞争优势为本位的企业观认为，企业是一个多维的、动态演化的竞争优势集合，这种集合包括不同类型的竞争优势。由此以及从企业竞争优势的定义与内涵可以看出，企业竞争优势来源于企业的不同层面，涉及多个方面。营销力是企业竞争优势的来源，而营销力是一个系统，包括三大方面，即营销核心力、营销基本力和营销辅助力。这每个方面都是企业竞争优势的基本来源，因此，企业竞争优势的培育需要从三大方面着手。

营销力的三个不同层面在企业竞争优势的培育中，核心层形成的竞争优势，即文化竞争优势、战略竞争优势和品牌竞争优势，尤其是文化竞争优势和战略竞争优势，是不易察觉的，且较持久。基于营销核心力的企业竞争优势一旦培育和形成就会对企业长远和整体产生深远的作用和影响。基于营销基本力的竞争优势构建，应以企业营销核心力为指导和依据。基于营销基本力的竞争优势，即产品竞争优势、价格竞争优势、渠道竞争优势和销售竞争优势是明显的、容易察觉，相比较而言，持续的时间要短。营销辅助力所形成的竞争优势，即信息竞争优势、协同竞争优势和执行竞争优势，也不易察觉。企业竞争优势的培育需要从营销力的这三个层面着手。

基于营销力三个层面形成的不同竞争优势的地位，是企业外部环境以及企业自身所处的发展阶段所决定的，也就是说，营销核心力所形成的竞争优势不一定就是核心优势，营

销基本力所形成的竞争优势不一定就是基本优势，营销辅助力所形成的竞争优势不一定就是辅助优势。此外，企业也不可能在营销力三大层都形成竞争优势。尽管如此，从一般企业来看，还是应该从这几个方面入手，整合协调营销力系统。营销力系统的平衡协调、演化发展是企业获取和保持竞争优势的基本决定性因素。

（一）基于营销核心力的企业竞争优势培育

1.基于文化力的文化竞争优势培育

现代企业间的竞争已上升到企业文化的高度。每个企业都会有企业文化，但这些自然形成的企业文化大多对企业竞争优势的培育没有明显的作用，有的甚至限制和影响着企业发展。因此，企业需要主动导入和塑造深具企业个性和竞争力的企业文化，这样的企业文化才能对企业竞争优势产生更积极的影响。

（1）构建科学的企业价值观

企业价值观是企业文化的核心和灵魂。选择企业价值观有两个基本前提。其一，要立足本企业的具体特点。不同的企业有不同的目的、环境和组成方式，必须准确把握本企业的特点，选择适合自身发展的企业文化模式，否则就不能得到企业员工和社会公众的认同和理解。其二，要把握企业价值观与企业文化各要素之间的相互协调。企业文化是一个系统，各要素只有经过科学的组合与匹配才能实现系统整体优化。在此基础上，选择正确的企业价值观要符合四点。其一，企业价值观要正确、明晰、科学，具有鲜明特点。其二，企业价值观和企业文化要体现企业的宗旨、管理战略和发展方向。其三，要切实调查本企业员工的认可程度和接纳程度，使之与本企业员工的基本素质相和谐。其四，选择企业价值观要坚持群众路线，充分发挥企业员工的积极性和创造性，认真听取员工的意见。

（2）建设合理的制度文化

企业文化的建设一定要有制度保证，而在这种制度保证要做到制度文化的不断创新。当企业内外条件发生变化时，企业制度文化也应相应地进行调整、更新、丰富、发展。成功的企业不但需要认识目前的环境状态，而且要了解其发展方向，并能够有意识地加以调整，选择合适的企业制度文化。企业要根据自己的理念，不断推出适应新的竞争形势的管理制度，例如，人本管理的模式、学习型组织的创建和流程再造等。在这种制度文化的创新中，要考虑是否适合本企业文化，是否能对提升本企业的文化发挥作用，用优秀的制度来保证文化建设的实施。

（3）提倡积极的行为文化

企业文化建设一个非常重要的方面，就是要落实到行为之中。在企业文化建设中，

企业家作为企业的领导要积极倡导优秀的行为文化，并且身体力行，做出表率。一个领导者的表率常常起着潜移默化的作用。行为文化的倡导可以分为两个层次：一是企业要有全新的管理行为，在自己的管理行为中处处体现出本企业的文化特点；二是员工要有全新的工作行为，用爱岗敬业、诚实守信的行为，来具体实践企业的文化，使社会公众通过企业员工的行为更好地认识企业的文化内涵。

（4）着力构建物质文化

物质文化是企业的物质形态，往往也反映出一个企业的文化特点，是一种让人一目了然的文化。这种物质形态表现在整洁的厂容厂貌、现代化的工作设施和具有先进理念的办公环境等方面，在企业的"硬件"中反映出企业的文化追求，使企业处于良好的文化氛围中。

在企业文化建设中要注意企业的精神文化、制度文化、行为文化和物质文化的统一协调，使企业文化成为一个有机的整体。企业管理层，尤其是企业高级管理层一定要身先士卒，积极参与到企业文化建设中，起到带头作用；另外，要通过各种有效途径和方法强化员工对企业文化的认同感，从而使企业文化真正具有良好的导向力、凝聚力和改造力。

2.基于战略力的战略竞争优势培育

培育企业的战略力，就是要求企业根据企业内外条件与状况切实提高自身的战略规划与管理能力，这需要从以下四个方面着手。

（1）提高战略方案的信息收集与处理能力

信息是企业制定战略的前提，企业的战略方案必须建立在掌握企业资源、企业能力、行业环境、市场机会以及外部威胁等信息基础上，没有准确、及时、充分的信息，任何企业战略方案不仅不会为企业赢得竞争优势，还会给企业带来不可预测的损失。因此，企业需要建立科学完善的战略信息收集和处理机制与制度，多渠道、全方位地收集信息，高效率、高水平地处理信息，都有助于企业战略力的增强。

（2）提升战略方案的规划与形成能力

战略的规划与形成要求企业从长远性、全局性、系统性、科学性和现实性五方面来考虑。战略的规划和形成需要企业在掌握其目前内外情况的前提下，高瞻远瞩，把握行业发展趋势和市场走向以及消费者的需求，综合考虑和协调企业的生产、营销、顾客服务、人力资源、信息系统、研究与开发以及公司财务。

（3）提高战略方案的评估与决策能力

战略方案的评估要求企业客观、科学、细致、全面地考察影响战略实施的每一个主要因素，对每一种可能发生的情况都要有尽量充分的评估和准备相应的措施。战略方案的决

策要注意把握企业的行业性质和企业的经营思想，要注意采用咨询专家、民主决策、精细量化等方法和措施来确保决策的科学性和合理性，从而保证战略得到有效实施以及降低战略的实施风险。

（4）提高战略方案的实施与控制能力

在确保战略方案的科学合理性的前提下，企业战略力主要取决于战略方案的实施和控制能力，即战略执行力。企业可以通过战略目标分解、文化和制度的规范、实施考核与监督来增进战略实施能力。战略方案也要根据企业内外环境变化做出相应调整，保证战略的动态性和适应性，因此，可以通过制定管理制度和管理机制以及提高应变能力来提升企业的战略控制能力。

3.基于品牌力的品牌竞争优势培育

企业生产一种产品所能创造的价值也许是有限的，但创造一种品牌，相对于资本的增值往往是惊人的。正因为如此，在市场经济竞争中的一个重要归宿，就是品牌力的竞争。培育企业品牌力关键是要打造强势品牌。

（1）塑造品牌形象力

品牌形象力是品牌力的重要基础。品牌形象包括功能形象、价值形象、质量形象。其中，最关键的是质量形象。企业产品是企业品牌的载体，高质量的产品形象会产生良好的品牌形象和信誉，而持久的品牌承诺是品牌形象力塑造的关键。坚守持久的品牌承诺，提高消费者的满意度，奠定良好的品牌形象基础也是增强品牌形象力的根本。此外，品牌中的文化要素对品牌形象力的确立起着不可忽视的作用。在品牌形象中沉淀出民族文化和企业文化，并将其传递给消费者，以品牌的文化潜能来影响消费者的消费心理与消费行为，更能使企业在与竞争对手争夺消费者的过程中居于优势地位。品牌形象力的塑造需要从以上几个方面入手，但品牌定位对于品牌形象的塑造也具有决定作用。品牌形象一定要具有差异性，与其他品牌相区别，体现独特的价值和个性。良好的品牌形象是品牌知名度和美誉度的基础和保障。

（2）提高品牌认知力

品牌认知具有主客观结合性。一方面，品牌认知取决于良好的品牌形象；另一方面，取决于消费者对品牌形象的理解和认知，而后者又与消费者的主观因素有着密切的联系。消费者对于品牌的认知程度已经超过了商品或服务的物质性本身，而更多地体现出消费需求的日趋差异化、个性化和多样化。品牌形象只有被消费者认可和理解才具有生机和活力。在这样一个重视"情感满足"的时代，企业的品牌营销更应该注重满足消费者的个性需求和精神愉悦的感性消费。因此，品牌力的培育应从提高品牌认知力开始。品牌认知力

的培育需要企业以市场为导向，以消费者为中心，提供的产品能够为消费者创造较高的价值。此外，企业还需要与消费者相互沟通，增加消费者对企业品牌的认识和了解。

（3）扩大品牌传播力

品牌认知力除其自身因素外，也需要良好的对外传播。扩大品牌传播力需要整合运用多种传播途径，包括大众传播途径、小众传播途径、公共传播途径、人际传播途径和创新传播途径五大类。其中，大众传播途径包括报纸、杂志、电视和广播；小众传播途径包括直邮广告、户外广告等；人际传播途径包括经销商、销售人员、服务人员的人与人间的传播；创新传播途径包括互联网、手机以及其他新型媒体等。这五大传播途径以及各种具体传播途径都具有各自的优点和缺点，企业需要根据自身情况和外部环境选择合适的传播途径，整合运用，从而扩大品牌传播力。

（4）运用品牌扩张力

品牌的扩张能够扩大企业规模，分散风险，构建竞争优势。品牌扩张应注意产品与品牌的紧密联系，使产品体现品牌内涵和特性。同时，品牌扩张应充分考虑产品的生命周期。当产品处于开发期时，应使用新品牌而不适合进行品牌扩张。新产品市场存在较多不确定性因素，风险较大，使用品牌扩张一旦失败，就会极大地冲击原品牌的形象与声誉。此外，对于一种新兴的产品而言，在市场几乎空白的情况下，新的品牌可以产生全新的刺激，塑造出风格独特的品牌形象，甚至会成为这一产品的代名词。而当产品进入成长期、成熟期，市场会不断地完善，竞争者之间力量的对比会达到一种均衡，此时企业应多采用品牌策略，利用原有品牌的知名度和良好声誉，争取消费者使用，并使产品迅速拓宽销路。

（二）基于营销基本力的企业竞争优势培育

1.基于产品力的产品竞争优势培育

以顾客需求为导向，为顾客创造更高价值的产品，是企业创造竞争优势的基本突破口。因此，构建产品力是企业竞争优势培育重点。

（1）保证产品质量——培育质量优势

企业产品是满足顾客某种需要的物质载体，只有产品具有良好的质量，才能保障顾客的需要得到有效的满足。在市场营销活动中，产品的质量及其所能给消费者带来的效用价值始终是企业参与市场竞争的基础。因此，企业对产品质量的重视程度也应是培育企业产品力的核心要素。企业应充分运用各种营销资源，对企业产品的目标消费者进行深入的分析研究。通过需求管理，关注消费者的需求变化，以掌握消费者对其产品功能的期望，即

效用需求，从而制定有针对性的产品战略和营销计划，使企业在市场营销活动中获得竞争优势。

（2）增加产品的附加价值——培育价值优势

美国营销学家李维特教授曾说过："未来竞争的关键，不在于企业能生产什么样的产品，而在于为产品提供什么样的附加价值：包装、服务、用户咨询、购买信贷、及时交货和人们以价值来衡量的一切东西。"当今产品同质化已越来越明显，质量已不再是消费者购买产品的唯一决定性因素，企业的产品之间相互区别的关键要素是在满足消费者需求的基础上能否创造产品的附加价值。一个好的附加价值创新策略，必将使企业摆脱本产业的局限，结合替代产业的优势，推出更具竞争力的新产品。同时，需要吸收那些补充产业的要素，全面满足顾客。企业应将重心从行业正面竞争转移到创造新的附加价值上来，通过自己更完美的产品、更优越的附加值来赢得更多的消费者，以此获得全新的市场。

（3）提供良好服务——培育服务优势

在产品同质化的趋势和背景下，服务能够增加产品的差异性，提高顾客价值，培育企业服务优势。企业应该根据自身情况和消费者的需求，制定一套完善的服务体系，规范服务标准，提高服务人员的素质和技能。因此，在与竞争对手产品同质的情况下，良好的服务能够有效地培育企业竞争优势。海尔正是以全面周到的服务，铸造了企业竞争优势。

（4）优化产品组合——培育规模优势

产品组合的四维度为企业的产品战略及策略的选择提供依据，优化的产品组合能为企业产品营销计划的实施和营销活动的顺利进行提供保障，也是获取竞争优势的关键。优化产品组合有多种途径和策略：增加产品线、增加现有产品线的长度、增加各产品的种类。企业要及时掌握同行产品及其替代品的发展变化，及时调整产品线的长度——延伸、填充、削减以及更新产品线等。这些产品组合策略都能在一定程度上增加企业的经营利润、规避其经营风险，更重要的是能在市场竞争中提升企业的产品力，良好的产品组合能够增加市场份额，扩大企业规模，获得规模优势。

（5）提高产品技术——塑造技术优势

产品技术优势的塑造主要基于两点。一是要以市场为基础进行产品研发定位。企业在产品生产和创新上，要坚持以顾客为导向的原则，加强技术与市场两大职能的协同。只有根据市场做出产品定位，根据市场定位开发出的产品才能有市场基础。二是企业的技术创新必须面向市场进行研究开发，把市场需求、社会需求作为研究开发的基本出发点，在技术创新全过程的各个环节贯彻营销理念。检验技术创新是否成功的标准，就是看其产品是否被市场接受，体现市场需求的创新才是成功的技术创新。

2.基于价格力的价格竞争优势培育

企业产品价格的关键是成本，因此塑造价格力、培育企业价格竞争优势主要在于企业成本的控制和降低。

（1）控制成本动因

成本动因是引起一项活动的成本发生变化的原因，它属于一项活动的成本结构性原因，通过控制成本动因来控制成本是现代成本控制的基本思想，也是企业取得成本优势的关键措施之一。尽管对成本动因的细致划分难以穷尽，但影响成本发生深刻变化的却是那些具有普遍意义和战略意义的成本动因。识别和控制成本动因为创造成本优势提供了有效途径，控制成本动因主要包括规模经济、经验曲线、提高资源利用率等。

（2）优化价值链

企业产品成本产生于企业价值链的各项活动中，优化价值链，尤其是基于竞争对手价值链的价值链优化，可以控制和降低成本。新的价值链有可能效率更高、活动的成本更为低廉，也有可能使联系得到更为充分的利用。优化价值链的内容包括优化生产工艺、改变推销方式、建立新的分销渠道、采用新的原材料、迁移与供应商和顾客有关的厂房设施、进行整合等。整合是将相互独立的构成要素或组成部分构建成一个有机的整体，它是增强企业成本优势的重要方法，包括纵向整合和横向整合。横向整合主要是同类业务的强化，如购并同类业务的企业等。横向整合通常与规模和规模经济相联系，是获取规模经济的一种有力手段。纵向整合以企业的核心业务为基础向前整合或向后整合。纵向整合涉及的成本影响因素更多。如果能够达到有效的规模经济，纵向整合的最大好处是在采购、生产、分销或其他领域节约成本。

（3）采取专项成本控制措施

企业需要采取一些专门的措施来控制成本，这些措施包括加强技术创新、改善生产能力利用模式和应用过程控制中的制度方法等。

技术创新是成本降低的源泉，是使成本持续降低的保证。新的技术和方法能够带来设备的性能、能源消耗、生产工艺、产品结构、材料等方面的变化，新技术的应用提高效率、扩大规模、降低消耗、提高经济资源利用率等。固定成本的存在要求提高生产能力利用率，生产能力利用率的变化通常会改变成本。

加强日常活动中的成本控制可以降低成本。日常成本控制的重点是建立和运用制度控制方法。制度控制分为两类，一类是保障性制度，这类制度为成本控制提供基本规范。另一类则是方法性的制度，它直接作为成本控制的方法来使用，如目标成本管理、标准成本制度、责任成本制度、作业成本控制等。

3.基于渠道力的渠道竞争优势培育

进入21世纪，越来越多的企业发现，在产品、价格乃至广告同质化趋势加剧的今天，单凭产品的独立优势赢得竞争已非常困难。在产品同质化的背景下，唯有"渠道"和"传播"能产生差异化的竞争优势。

（1）渠道扁平化

渠道扁平化，厂家在终端与消费者直接沟通，做好售前、售中、售后服务，才能更好地满足消费者的需求。渠道的扁平化不是摒弃经销商，其核心是重视终端，操作的手法是通过对终端的精耕细作，更好地实现对经销商的服务和管理，同时，也从根本上控制和驾驭经销商，从而增强渠道控制力。厂家对终端进行精耕细作，市场风险就基本上由厂家来承担，而且厂家在终端更好地与消费者沟通，为消费者服务，也大大促进了销售，这是对经销商的支持。

（2）提供渠道个性化服务

营销渠道管理的关键，是以增加购买价值的方式直接面对最终顾客，使其重复购买，即培养顾客对产品的忠诚。为此，企业必须能够广泛了解顾客的消费经验并开发对顾客的观察能力，后者有赖于不断贴近顾客。我国企业也意识到了客户细分的重要性，开始为细分后的客户群提供个性化服务。对详尽的顾客数据进行分析，使公司能更有效、更省力地锁定特定的顾客。营销渠道管理要求公司将市场尽可能细分，以便为每个细分市场建立专门的营销渠道。这里的关键是把大顾客群细分成小顾客群，这就要求公司重新思考创造价值的方式。为此，企业必须将服务和营销渠道功能分成一个个独立的元素，从而为目标顾客提供适合的服务及营销渠道组合。

（3）共享渠道

根据产品的生命周期，在产品导入期，新产品一般经由专业的渠道来销售；在迅速成长期，销售人员和销售渠道就会被引入；在成熟和衰退期，随着增长缓慢下降，一些竞争者便会将其产品转入低成本的渠道销售。渠道也是随着企业和产品的发展而不断变化的，因此，企业应根据产品生命周期来选择适当的渠道组合。如果厂家进行横向合作，两个或多个企业通过分享对方的渠道资源，能够降低成本、提高效率、增强企业竞争优势。共享渠道突破了传统的营销思想，它以契约为纽带，通过企业间价值链各环节的合作获取竞争优势，实现共赢。

4.基于销售力的销售竞争优势培育

销售力是企业利用整合现有人、财、物资源，控制终端，完成销售目标和企业利润，为企业创造财富，累积企业可持续发展的物质基础的能力，是实现企业盈利目标的关键力量。

（1）制定合理的营销策划

企业的销售是其营销活动的一个重要组成部分，是为企业的营销目的和目标服务的。整个销售活动应该以营销策划方案为前提和背景，只有这样，才能保证销售活动的目的性和针对性，促使各项销售活动之间协调一致。此外，销售活动也需要一个完整的销售策划。一个完整的销售策划由多种因素构成，只有将这些因素有机地结合，详细地落实，才能为销售的成功奠定坚实的基础。可以说，销售启动的前提是一份完整的策划方案。即根据组织内外部条件和环境，有针对性地采取相应的营销策略，以获取预期优势。

（2）注意广告传播

广告的传播面广，传播迅速，在中国的影响力是显著的，广告的良好策划与传播会产生良好的市场效应，增强企业的销售效果。我国的企业均相当关注广告传播策略的运用，广告成为企业对消费者做出的一种承诺，这种承诺是以自身的企业形象或某一产品的品牌信誉和名声来提供担保。广告的这一特质，使其在市场营销活动中发挥着重要的影响作用。

（3）重视人员推销

人员推销通过推销人员直接向消费者推销商品，推销人员就成为消费者和商品生产者之间最直接的桥梁。人员推销能够充分了解消费者对商品的不同欲望、要求、动机和行为，采取不同的解说和介绍方法，从而实施针对性较强的推销，促成消费者购买，完成企业销售的目标。推销人员直接面对顾客，在向顾客介绍商品、提供信息的同时，也可以及时获取市场信息。这些信息有可能转化为决策依据的竞争性情报，使企业及时掌握市场动态，修正营销计划，整合营销资源，从而为培育和提升企业竞争优势奠定重要条件。

（三）基于营销辅助力的企业竞争优势培育

1.基于信息力的信息竞争优势培育

在当今信息化时代，信息的重要性已经凸显出来，各种与企业密切相关的信息对企业的生产经营与发展具有重要作用，从某种角度来看，企业的竞争也是信息的竞争，因此企业需要从信息力上来培育竞争优势。

（1）建立信息部门以增强信息搜集力

信息部门是企业信息工作得以落实的保证。信息部门的科学设置主要取决于三个因素：其一，企业的赢利主要来源。企业挣钱的关键部门就是企业信息部门应该设置的地方；其二，企业的新产品来源。在制药业，新产品主要来自企业研究与开发部门的科学家，信息部门设置在研发部；其三，企业所面临的最大威胁来源。企业信息部门的设置根据企业具体情况可做灵活处理。

（2）构建信息系统以提高信息传播力

构建企业信息系统的目标是搭建公司的信息资源共享平台，保证内部的信息沟通以及公司与外部环境的信息沟通。内部沟通的主要作用是用于战略的实施、营运流程和过程的控制，保证执行过程与执行结果及计划目标的一致。外部沟通的作用是确保员工的思想意识与外部经营环境保持同步以及企业外部对企业的了解。做到有效的沟通，不但需要公司形成从上至下的沟通系统，而且要加强横向的信息沟通，确保组织内成员适时地从多渠道收到全方位的信息，解决从上至下信息传递中的失真及损耗问题，避免信息到达最终执行层时已经不能起到应有的作用。

2.基于协同力的协同竞争优势培育

随着市场大环境的不断变化，企业创新活动日益频繁，有创新必然有冲突，解决冲突的唯一方法就是加强协同力的培育，以实现有效的沟通、协调与控制。

（1）妥善处理公众利益

培育企业协同力的主要任务就是处理好企业与其内外部公众的关系，因此公众的利益问题就显得非常关键。随着关系营销的发展，企业本身与其所有的利益关系者相比起来，弱势的地位便日益明显。因为面对各类公众越来越大的压力，企业任何一个微小的疏忽，都有可能导致无法挽回的损失。

（2）建立良好的沟通渠道

企业应建立良好的沟通渠道保证企业内外信息畅通。企业内部应该创造一个公平、公正的环境，保证员工能够共享信息，促使员工生产出高质量的产品和服务来满足消费者的需求。对于企业的外部公众，则针对不同的对象选择不同的协调方法。对新闻媒体和政府，主动沟通最为重要，对于突发事件应表明自己的态度和立场，并主动承担责任；对消费者团体（比如消费者协会等）要予以重视、合作和妥善接待，以争取这些舆论领袖的支持；对销售渠道要保持紧密联系，以便通过销售渠道以书面材料或口头方式向消费者进行突发事件的解释；对消费者，则要站在消费者的立场考虑并给予最大帮助，可能的情况下进行面谈。

（3）及时妥善处理投诉

对企业来说，顾客是其最重要的外部公众，关系营销的核心是良好的顾客关系，顾客关系是所有外部关系的基础。与顾客的协同，主要体现在企业为顾客所创造的价值与顾客所付出的消费代价之间的协同。在营销实践中，这种协同在许多场合表现在对顾客投诉问题的处理上。投诉体现的既是一种突变，即产生营销危机和风险，又是益变，即创造了企业与顾客沟通的机会。处理投诉，尤其是消费者在营业现场的投诉至关重要。处理投诉的

核心是建立畅通的消费者反馈与投诉渠道，让问题在企业内部公开化，防止新闻媒体的人炒作，避免问题在社会上公开化，将危机消灭在萌芽状态。

3.基于执行力的执行竞争优势培育

企业的大的方面如战略、规划、制度，小的方面如具体各种工作，都需要在实际中得到有效贯彻和实施，因此执行力也是企业竞争优势的一个重要方面。

（1）明确执行力方向

企业具有良好的执行力的前提是企业的战略决策、方针政策、制度措施、方案计划、部门职责、岗位职责和目标等要求标准和目标明晰。只有战略决策、方针政策、制度措施、方案计划、部门职责、岗位职责和目标都非常明确和清晰，不同的职能部门、不同的员工才能在实际工作中按其开展工作，才能形成一股合力，从而更好地发挥知识与技能的聚合作用。此外，只有这些要求和标准明确，企业才能对其执行情况进行考核。

（2）营造企业执行力文化

执行需要方向的引导，也需要企业文化的熏陶和支撑。成功的企业执行力源于一种文化信仰的力量。只有企业从上到下形成关注成果、认真跟进到位的文化，才能有真正的执行力。执行力文化，就是把"执行"作为员工行为的最高准则和终极目标的文化，科学利用所有有利于执行的因素，彻底排除所有不利于执行的因素。执行文化的核心在于转变企业全体员工的行为，使之能够切实地把企业的战略、目标和计划落实到本职岗位与日常工作中去。执行力的关键在于通过企业文化影响企业所有员工的行为。

（3）合理配置员工

执行的首要问题实际上是人员的问题，因为企业的策略最终是由人来执行完成的。不同目标、任务和职责都需要具备一定知识和技能的员工完成。因此，这就需要企业能够做到人与事相匹配，合理配置员工，使他们能够从事与其知识、技能和兴趣相符的工作，从而能够发挥其积极性和创造性，保证工作的顺利开展和完成。企业管理者如果对自己所任命的人不十分了解，在用人时就不能做到量才使用，就可能使有能力的人没有得到重用，而能力不足的人却被委以重任。

（4）管理者应当身体力行

公司管理者，尤其是中高层管理者的执行力将决定公司组织的执行力。对企业经理人来说，只有参与到企业运营当中，才能拥有把握全局的视角，并且做出正确的决策。因此，企业经理人必须亲自执行三个流程：挑选管理团队、制定战略、引导企业运营，并在此过程中落实各项计划。这些工作都是执行的核心工作，企业经理人不应该将其交付给其他人去做。执行力要从高层做起、从自己做起，肩负责任的经营层，要以身作则，带领规

划制定层和执行层去执行目标，这样他的一言一行都会影响下属的行动方向。

（5）建立与绩效考核挂钩的激励机制

企业激励机制是执行的反馈和回应，是执行力好的必要保证。执行力的生成与养成是以企业切合实际的激励机制为依托和载体的，可以这样说，企业没有一个好的激励机制，肯定是没有执行力的。设置有效的激励机制，关键是组织目标与个人需要的兼容，在具体的工作任务安排上，必须将组织目标纳入其中，或将组织希望出现的行为列为目标导向行动，使员工只有在完成组织任务后才能达到个人目标。

第五章

大数据背景下
营销创新模式分析

创新能力具有综合独特性和结构优化性等特征。实践是形成创新能力的唯一途径，也是检验创新能力水平和创新活动成果的尺度和标准。创新能力是当今经济环境下组织发展的重要力量，组织在知识经济时代要提升核心竞争力，就必须大力开展营销创新。

第一节　营销创新模式研究现状

创新能力指人在顺利完成以原有知识经验为基础的创建新事物的活动中表现出来的潜在心理品质。创新能力是当今经济环境下组织发展的重要力量，其中营销创新是核心要素之一。当前，国内企业仍然走以跟随为主的营销道路，营销模式相对单一，不能满足多元化市场的需求，这势必使企业在激烈的市场竞争中处于劣势。因此，对营销创新模式进行分析具有重要的现实意义。

一、国外营销创新模式理论研究

什么是创新？简单地说，就是利用已存在的自然资源或社会要素创造新的矛盾共同体的人类行为。进入21世纪，国内外的营销模式发生了极大的变化，如何适应这些变化成为

所有企业面临的紧迫问题。国外一些企业已经对这些营销模式的变化有了非常广泛和深入的研究，并形成了一定的理论体系。

（一）营销创新的理论来源

1.营销和创新

"营销"和"创新"是营销创新的理论来源。营销创新是由"创新"的概念发展起来的。人们对营销创新问题的研究虽然始于20世纪80年代，但到目前为止，国外主要注重实践方面，还没有真正形成系统的理论。

2.创新是改变资源的产出

"创新"是一个经济术语或社会术语，而非科技术语。创新即改变资源的产出，或者我们可以按照现代经济学家的观点，用需求术语而非供给术语对它加以定义：创新就是通过改变产品和服务，为客户提供价值和满意度，移动互联网市场营销变革与创新。

（二）熊彼特的"创造性破坏"

"创新"的概念出自美籍奥地利经济学家约瑟夫·熊彼特（1883—1950）在1912年出版的《经济发展概论》一书中。熊彼特在其著作中提出，创新是指把一种新的生产要素和生产条件的"新结合"引入生产体系。熊彼特的"创新"概念包含的范围很广。如涉及技术性变化的创新及非技术性变化的组织创新。同时，熊彼特对企业家的研究也很有影响力，他发展了马歇尔的理论，指出企业家就是"经济发展的带头人"，也是能够"实现生产要素的重新组合"的创新者。

1.创新的类型

创新的类型有：

①采用一种新产品或一种新产品的新特性。

②采用一种新的生产方法。

③开辟一个新的市场。使产品进入一个以前不曾进入的市场。不管这个市场以前是否存在。

④掠取或控制原材料或制成品的一种新的供应源。

⑤实现新的工业组织形式，如建立垄断地位或者打破一种垄断。

2.创造性地打破市场均衡

熊彼特将企业家视为创新的主体，其作用在于创造性地破坏市场的均衡（熊彼特称为"创造性破坏"）。他认为，动态失衡是健康经济的"常态"，而非古典经济学家所主张

的均衡和资源的最佳配置，企业家正是这一创新过程的组织者。通过创造性地打破市场均衡，才会出现让企业家获取超额利润的机会。

3.企业家的创新性

熊彼特首次突出企业家的创新性，但是他认为企业家对于一个人来说是一种很不稳定的状态，一个人由于"实现新的组合"而成为企业家，"而当他一旦建立起企业，并像其他人一样开始经营这个企业时，这一特征就马上消失"。因此，企业家是一种稍纵即逝的状态。按照他的定义，一个人在他几十年的活动生涯中不可能总是企业家，除非他不断"实现新的组合"，即不断创新。简而言之，创新是判断一个人是否是企业家的唯一标准。

4.依靠创新的竞争实现目标

"创造性破坏"是熊彼特著名的观点，这是其企业家理论和维持周期理论的基础。在熊彼特看来，"创造性破坏"是资本主义的本质性事实，重要的是研究资本主义如何创造并进而破坏经济结构，而这种结构的创造和破坏主要不是通过价格竞争而是依靠创新竞争实现的。每一次大规模的创新都会淘汰旧的技术和生产体系，并建立新的生产体系。

如今，全球经济所破坏和创造的巨大价值完美地印证了这一前瞻性理论。可以说，创造性破坏的力量还在不断增强，其已成为主流经济论述中的重要核心概念。

（三）德鲁克的营销和创新

美国管理学家彼得·德鲁克（1909—2005）是现代管理学的奠基人和目标管理的创建者，他在市场、创新、变革、战略、知识管理上也有自己的真知灼见，诸多管理者和企业家从中受益，尤其在面对变幻莫测的市场和全球化竞争的困惑时，我们总能从他的理论中得到新的启示。

1.企业的主要功能——营销和创新

德鲁克认为，企业的主要功能是营销和创新。营销是企业经营的关键环节，是企业发展的核心命脉。在经济全球化和市场竞争国际化的今天。企业只有在制定营销战略，科学化营销管理，在创建品牌、渠道终端，打造营销团队上进行变革与创新，从营销战略、战术到整个营销模式进行系统的变革与升级，谋定而动，才能出奇制胜，挺立潮头。

2.技术创新和社会创新

德鲁克指出，由于企业经营的目的在于创造客户，因此他将创新分为两类：技术创新和社会创新。技术创新是指采用新机器和新程序，而社会创新是指采用营销新方法和新的管理方式，改变定价策略。

3.创新要转化为行动

创新如果停留在观念、思想和制度上，没有转化为行动和结果，就没有任何价值和意义。德鲁克有一句名言："好的公司情足需求。伟大的公司创造市场。"创造新的市场需求，需要在充分尊重并考虑消费者本能的基础上发挥创新思维。

4.社会价值是创新的重要特征

德鲁克为营销创新的研究开启了方向，他对营销创新做了进一步阐述，主张对于"创新"可以从供给和需求两方面来定义。从供给的角度来说，创新是改变厂商资源的输出；而从需求的角度来说，创新则是改变资源所给予消费者的价值和满足。可以看出，德鲁克将社会价值作为创新的重要特征。这种价值从营销的角度来看，就是创新应为企业与消费者双方带来利益。

二、现代营销创新实践

随着市场从卖方到买方的转变，西方发达国家出现了与之相适应的一系列现代创新营销模式：全球营销、知识营销、绿色营销、服务营销等。现在，一些优秀企业都投入了大量的资源开展营销创新实践。

（一）营销观念创新

1.全球营销观念

企业要进行营销创新，必须树立全球营销观念，把企业营销从局部市场、国内市场放到全球市场中去认识，把企业的产品开发、制造、营销、服务等营销策略整体地放在全球视野中去认识，使企业能在全球产业链的某一环中找到适合自己的位置，才能有效地分享国际市场份额，在经济全球化的浪潮中得以生存与发展。

2.知识营销观念

当今人类已进入知识经济时代，知识经济的重要特点在于它不是以物质产品为商品，而是以知识的传播、增值、使用作为商品的，它将改变传统工业经济时代的营销模式和竞争策略。为了适应知识经济的发展和加入WTO后的国际环境，我国企业必须看到知识在市场竞争、消费需求和科技创新各领域无处不在并且起着决定作用，必须树立知识营销观念，突出知识在企业营销中的主体地位。

3.绿色营销观念

建立一个可持续发展的社会成为21世纪全球社会变革的一个重要主题，人们越来越关注人与自然共同发展的问题。在当今国际市场上，安全无污染、保护环境的产品和服务已

成为全球消费的热点。有资料显示，大约有50%的法国人、80%的德国人，在超级市场购物时，都愿意购买环保产品。而在美国，十年前的调查报告就表明，有77%的人认为企业的环保信誉会影响其购买决策。在日本则有超过90%的消费者对绿色食品感兴趣。与此同时，各国政府也更加注重把贸易与环境问题结合起来制定相关政策，构筑"绿色壁垒"。因此，绿色营销作为顺应绿色革命浪潮的营销观念已成为世界各国企业实施市场营销策略的必然选择。

4.服务营销观念

在现代科技、经济环境下，市场竞争从内容到方式都发生了质的变化，传统竞争中的产品及营销策略已很难成为决定企业竞争能力的主要因素，企业之间的竞争已从产品本身的竞争扩展到产品形体所能提供的附加利益的竞争。从围绕着产品、价格的传统竞争走向现代的服务竞争。

企业必须树立服务营销观念。从单纯依靠"硬性"有形产品争取顾客、占领市场转变为靠"软性"服务竞争取胜。

（二）营销管理创新

1.加强企业的战略管理

我国加入WTO后，国外企业进军中国市场的战略步伐明显加快，它们凭借雄厚的资本、先进的生产技术、较强的管理能力以及多样化的营销方式抢占滩头。面对这种局势，我国企业仅靠单纯的市场营销手段、产品质量、为顾客服务、价格改进等，是无法应对国际市场竞争的。因此，我国企业必须进行战略管理的创新，保持与强化核心竞争力和可持续发展的竞争优势，从更高层面上参与国际市场竞争。

企业营销战略要由被动的"适应型"向主动的"应变型"战略转变。随着企业外部环境变革越来越快，企业经营的未来不确定性增加了，因而企业不能再仅仅是被动地适应环境，而是要通过战略调整主动地适应环境，甚至改造环境。

2.以客户为中心的营销管理

工业时代市场竞争的焦点是产品和价格，竞争优势来自降低生产成本、提高劳动效率。但进入21世纪后，科技的发展、经济全球一体化使得企业竞争的焦点变为对客户的追求。因此，面对我国加入WTO后的激烈市场竞争，企业营销管理必须从产品导向转向以客户为中心，全方位满足客户需要：从注重业务量的增长转向质的管理；从降低成本、提高效率转向开拓业务，提高客户忠诚度。

第二节 营销创新原则与能力

市场发展到一定程度，资本越来越集中，竞争也必然越来越残酷。尤其在中国，消费增长比投资增长慢，必然会导致生产过剩的时代提前到来，红海战略描述的就是在这种环境下竞争的企业战略，其主要特点就是"血腥"。资本集中导致产品技术竞争的差异化程度越来越小，营销创新就成了许多企业的救命稻草。下面将具体阐述营销创新原则与能力。

一、营销创新原则

过去的几年，可以说我国企业营销创新得到了很大的发展，渠道创新、概念营销等都让人耳目一新，但这些凝聚了许多营销人心血的创新好像流行音乐一样。来得快，去得也快。如果我们要深层理解营销创新，就要把营销创新当成一种战略。

（一）取之不竭的源泉——渠道

无论是眼下流行的终端制胜论还是大批发萎缩论，企业的营销是绝对不能没有渠道的。渠道是企业营销创新取之不竭的源泉。在现实生活中，我们经常会看到很多企业通过渠道变革来达到营销创新的目的.并且取得了空前的成功。

以"维多利亚的秘密"（Victoria's Secret，VS）为例。这个风靡全球的美国内衣品牌，制造了每分钟销售600件内衣的神话，其营销的"三重渠道"功不可没。

1.实体店——闺房营销

在传统营销渠道上，2006年，VS在全美拥有1001家门店，净销售收入达31亿美金，平均门店占地面积为4693平方英尺（1平方英尺≈0.092平方米）。为了走在时尚尖端，每隔五六年，所有的店面都会进行全面的重新装修。VS根据不同风格的内衣打造不同的"梦幻区域"。

一个保守的中产阶级新贵是不会把私密的文胸、胸衣和底裤直接放到公众视线里的，所以VS的门店风格定位是"闺房"。VS只是在全国数量有限的门店中经营，用粉

红色的基调和优雅的布置把内衣的购买、销售空间，转变为一个兼具开放性和私密性的空间。

2.直邮——邮购的奇迹

当美国的信用卡付款制度和支票收支方式渐趋完善时，VS开始推广一年八次的直邮寄送和购买系统。为了便于客户了解产品，VS会印发精美的刊物目录。在这种模式中，从详细目录的定制、促销活动的设计、邮寄配送的谈判、支付系统的保密性，到售后服务的退换货问题。VS都一一把关，除了尽力保证尺码为标准码之外，还推出了寄送退货免邮费的方式。VS直销业务最鼎盛时，每年仅发放产品目录表就超过3.6亿份，还曾因此受到环保组织的批评。

3.网店——网络时代的公开"秘密"

为了应对产品线单品众多的状况，VS建立了属于自己的网站，同时把直邮购物的精美刊物全部电子化，做成网络销售的快速通道，让由直邮购物建立起来的销售库可以顺应网络订购的发展。这样一来，之前由直邮购物建立起来的销售库就可以借助网络订购更加顺应新的发展。也使人们订购产品更加方便和快捷。

（二）提升营销创新的高度——战略

企业不要把营销当作渡过难关的战术，而要把营销创新提升到战略高度。很多国外专家都评价说中国的民族企业最终不能担当大任。除了企业整体战略缺失，还有营销创新战略的缺失。

"内行看门道，外行看热闹"。别看国内许多企业在营销上搞得有形有色，但细看却发现基本上没有几个能够把自己的营销创新坚持下来并发扬光大的。一旦营销掌门人换掉企业的营销创新就又换了一种思路，最终受损的是企业。如果企业能够把营销创新当作一种战略，这种尴尬的局面就不会出现，企业也就不会因为换人而换思路了。

（三）企业良好形象的代表——服务

服务是指为他人做事，并使他人从中受益的一种有偿或无偿的活动，它不以实物形式而是以提供劳动的形式满足他人某种特殊的需要。服务是一种意识、态度、素质，焦点在于为他人着想。例如，当海尔集团宣布自己的服务营销战略时，曾经有很多企业跟进，其中就有家电行业的长虹美菱股份有限公司。服务人员去用户家里服务，必须随身带着红地毯以避免弄脏用户的地板，这就是轰动一时的"红地毯"服务。海尔集团成功的基本因素之一就是通过工作人员热情、周到的服务为企业树立了良好的形象。

二、企业营销创新能力

一般认为，企业营销能力是企业把握、适应、影响、完成市场营销活动，追求企业利益最大化的经营能力。它包括市场调查研究能力和销售能力。然而，企业营销创新能力作为增强营销能力的主要动力来源，也应归属于企业营销能力，成为其重要组成部分。

（一）企业营销创新能力的界定

创新是市场营销的一个恒久课题。市场上，企业的营销手段不断地推陈出新。

1.营销创新的产生

很多企业已经认识到营销创新对企业的重要意义，企业内部的会议、培训都强调员工的创新思维，招聘新员工时也力求吸收一些具有较强创造力的员工。然而，企业所重视的也不过是个体的创新能力，或是看重一些具有创新性但也是昙花般一闪而过的智慧。

企业要想在竞争中立于不败之地，必须有先人一步的差异化竞争优势，而这样的优势是靠营销创新得来的，但不是个体的，而是整个企业组织的营销创新。这就要求企业必须有营销创新的能力。那么如何使企业具有营销创新的能力呢？还是先从创新产生的原因来讨论这个问题。

①效用的"边际递减规律"。关于创新的产生原因，西方经济学家给出的答案是"效用"。效用在西方经济学中指商品满足人的欲望的能力。同时，西方经济学家总结出了效用的"边际递减规律"，其内容为："在一定的时间内，在其他商品的消费数量保持不变的条件下，随着消费者对某种商品消费数量的增加，消费者从该商品连续增加的每消费单位中所得到的效用增量，即边际效用是递减的。"也就是说，当一种需求得到满足后，这种需求的重要程度随之降低，并且要达到与过去同样的满足程度变得越来越难。

②潜在需求转化为现实需求。根据马斯洛的需求层次理论，另一种更高层次的需求早已孕育，只要技术条件和市场条件成熟，这种需求就会由潜在状态转化为现实状态，即潜在需求转化为现实需求，从而形成一个新的市场。这是西方经济学家给出的创新如何产生的答案。

③企业充当"弥补天地万物缺陷"的角色。中国传统思想认为天地万物都是有缺陷的，人类若在其中生存，就要弥补天地万物的种种缺陷来满足自己，以求更好地生存，如地球上有昼夜现象，人类晚上看不清物体，就发明了电灯；人类嫌自己的视力有限，就发明了望远镜；人类嫌大脑的计算速度不够快，就发明了计算机来弥补缺陷等。

当今社会，企业就是充当"弥补天地万物缺陷"的角色，要弥补不足就需要不断地创新。从这个角度看，创新是企业不可推卸的社会责任。

2.营销创新的本质

营销创新的本质就是建立在技术、生产、服务、观念创新之上，创造一个能够适应并快速而有效地处理市场需求，并且能够有效地解决生产与需求之间交流障碍的动态服务模式。创造这样的模式不能依靠个人的智慧，而是要求企业组织整体具有可持续的营销创新能力。

3.营销创新能力的定义

对于营销创新能力，我们界定为：企业具有的对消化吸收的营销知识、理念、手段进行再加工，从而创造需求、引导消费、营造市场、促进企业内外交互、实现预期目标的创新性能力。它是企业营销能力的核心要素，是提升企业营销能力的动力源泉。

（二）培养营销创新能力

企业培养营销创新能力需要三个基本创断能力，即营销战略思维创新能力、营销战术思维创新能力、发现客户价值的能力。

营销战略思唯创新能力、营销战术思维创新能力是分别从宏观角度和微观角度来说的，战术是战略的细化，而企业的营销战略和营销战术是以对客户价值的敏感觉察为基础的，客户的价值又在实践中检验企业的营销战略和营销战术是否正确。三者是有机地结合在一起的，因此企业在培养营销创新能力时，要从以上三个方面进行能力的培养。

目前中国企业的创新，主要集中在终端市场的竞争，竞争的发力点也主要是竞争要素和竞争方式。忽略和轻视营销战略思维创新、营销战术创新和客户的价值，企业发展就会缺乏后劲。

企业在培养以上"三个能力"时要基于客户价值提出自己的营销战略，有自己的营销主张、营销模式，形成自己独有的、具有战略意义的核心专长和核心技能，形成企业营销长期、持续的差异化能力。企业要基于客户价值形成战术，如快速响应客户需求，有效满足客户需求，减少客户接受服务的成本，帮助客户获得价值，帮助客户承担风险，增加客户的价值体验等。无论是资源整合创新，还是营销概念创新以及其他的营销创新方式，都要以"三个能力"为基点。

（三）提升营销创新能力

提升企业营销创新能力对企业营销创新战略至关重要，这也恰恰是我国许多企业所欠

缺和忽略的方面。我们从企业营销创新战略的高度，基于营销能力的积累和激活，以及营销创新模式的角度，建立了提升营销创新能力的机制。

1.营销能力的积累和激活

营销知识的积累过程是营销创新的知识储备库。

①企业应该从战略上认识到营销能力积累对提升企业竞争力的作用。

②营销能力的积累和激活是一个持续的过程，它贯穿于企业营销活动的整个生命周期，其核心是在实践中进行积累，进而寻求最适合企业的营销方式。

③注意营销组织、营销人员、营销模式以及营销理论四大营销知识要素与营销创新能力之间的相互作用，同时还要注意营销创新能力与企业其他创新能力之间的协调关系。

2.营销创新模式

营销创新的最终目的在于更好地推广市场，获得更大的市场占有率，因此，营销模式是手段，也是关键。企业营销创新模式主要有以下三种。

①自主创新。自主创新指通过拥有自主知识产权的独特核心技术实现新产品价值的过程。自主创新包括原始创新、集成创新和引进技术再创新。自主创新的成果一般体现为新的科学发现以及拥有自主知识产权的技术、产品和品牌等。

②合作创新。合作创新如同联姻。不存在某种静态的"最佳模式"。起始环节的控制权分配与过程中的控制都极为重要，企业应尽量与合作者增进信任，根据现实中的信任关系及其在合作过程中的变化，对控制方式做出合理选择和动态调整。在信任与控制之间寻求平衡。

③模仿创新。模仿创新即通过模仿而进行的创新活动。具体包括两种方式：第一种是完全模仿创新，即对市场上现有产品的仿制；第二种是模仿后再创新，指对率先进入市场的产品进行再创造，也即在引入他人技术后，经过消化吸收，不仅达到被模仿产品的技术水平，而且通过创新超过其技术水平。

（四）构建营销创新能力

具有营销创新能力的企业应该完善企业的以下"三大机制"。

1.营销创新效益控制机制

企业的营销创新很可能是企业不顾一切地往前冲，只看到了销售量高涨的虚假业绩，却没有注意到创新带来的销售费用疯长、机构膨胀、现金流紧张、资源透支等负面的影响，在与竞争对手的竞争中往往出现"伤敌一千，自损八百"的情况。

企业是一个有机的整体，其发展速度受企业实际情况的限制，因此，企业的营销创新要注意这一点，建立并完善营销创新的效益控制机制，以保持成本的合理性、资源利用的合理性和营销组织的合理性。

2.团队协同创新机制

企业的营销创新要形成团队创新的习惯，依靠集体的智慧与力量进行营销创新。这样不仅会增强企业的内聚力，还会减少企业营销创新的机会导向，增强企业营销创新的领导力和执行力，最终使企业的创新更易于具有战略意义。

3.营销创新渐进机制

营销创新渐进机制是指企业营销创新活动应该融于企业的日常运作当中，建立企业内部的信息共享平台。用于传递、积累营销管理知识和经验，使企业每一次小的营销创新都能够得到保护并实现在企业内部的传播，积少成多，进行量变的积累，在条件成熟后实现企业营销创新质的飞跃。这样不仅能降低企业每一次创新活动的风险与成本，而且更容易促进创新活动的开展，使企业始终保持活力。

在新的经济环境和时代环境里，仅仅企业具有创新意识是不够的，仅仅个人有创新能力也是不够的，必须使企业组织整体具有营销创新能力。

第三节　营销创新模式分类解读

营销创新模式的目的在于改变消费者的认知和行为，其根本目的是让消费者对产品或服务产生充分的信任和信心，从而激励他们去购买，最终为企业带来利润。面对日趋成熟的市场，营销创新模式必须符合企业实际，单纯盲目的创新很难有实际收效。营销创新模式分为营销自主创新模式、营销合作创新模式和营销模仿创新模式。

一、营销自主创新模式

企业组织是社会经济大系统中的一个子系统，企业营销目标的实现会受到很多外在因素的影响，是一个与消费者、竞争者、供应商、分销商、政府机构和社会组织发生

互动作用的过程。企业组织必须重视市场营销，以现代营销方式来开拓市场，参与国际竞争。营销自主创新指企业以自身的研究开发为基础，实现营销能力的提升以及营销模式的创新。

（一）营销自主创新模式创建过程

营销自主创新模式具有较强的率先性，初期率先者都处于完全独占性垄断地位，能获得超额利润，而后期追随者要经过一段时间的市场适应才能进入营销创新成果领域。但是同时营销自主创新又需要很高的技术条件和资源投入，且风险性大，以下为营销自主创新模式创建过程。

1.剖析内部营销现状

内部营销通过创造满足员工需要的工作来吸引发展、激励和保持高质量的员工，是将员工当作顾客的哲学，是一种使工作符合员工需要的战略。

内部营销是一种把员工当作消费者来取悦的哲学。企业进行内部营销的最终目的是使外部的顾客对企业感到满意，并且不断地购买企业的产品和服务，最终提升企业的市场竞争力。内部营销是以经营企业的人力资源为出发点和手段来有效达到使"顾客满意"这一营销的核心目的，是由内而外实施的一种市场营销战略。

2.确定"创新域"

创新是社会与经济发展的永恒动力，从社会的角度来说，企业间创新的合作有利于资源的整合，增加社会整体福利。但由于受交易成本、信息及企业行为博弈等因素的影响，企业间的创新合作往往不尽如人意。

实践证明，由企业的地域相近性形成的"创新域"是一条可行的改善途径。企业组织可以把创新、空间因素与企业行为三者结合起来，通过对"创新域"内企业创新合作行为的分析，能够从企业行为的角度来解释创新的空间集聚现象。

3.建立创新集群

创新集群是一个系统。在这个系统中，各要素构成，以及各要素之间正式、非正式的连接构成了创新系统的网络体系，它们影响集群的技术创新。在这个网络系统中，创新优势来源于系统合作，高位势企业的技术创新能力决定集群在产业链中的位置，环境和制度是激励创新的动力。

4. 创新可行性分析

营销分析在可行性研究中的重要地位在于，任何一个项目，其生产规模的确定、技术的选择、投资估算甚至厂址的选择，都必须在对市场需求情况有了充分了解之后才能解

决。而且，市场分析的结果还可以决定产品的价格、销售收入、最终影响项目的营利性和社会性。

要创造新的营销机制，就要制定激励消费的最佳可行性方案。创新营销能够有效地拉动消费，并集中市场资金，进行资本运作，创造新的利润，使企业达到扩大市场的目的。

5.自主研究开发

企业自主确立的研究开发项目是指不重复的，具有明确的开始和结束时间、财务安排和人员配置的研究开发活动。企业自主确立的研究开发项目认定工作总体遵循以下原则。

①需求牵引，重点扶持。围绕国家支持的高新技术领域及产品，重点支持对促进地方经济社会发展、完善或延伸产业链、培育新兴产业和提升企业核心竞争力等方面具有实际意义的研究开发活动。

②突出主体，促进合作。通过政策支持，推动企业自主创新能力的提升，鼓励企业、高等院校和研究机构之间的合作创新。

③统筹协调，联合推进。充分发挥政府部门、企业、专家和科技中介机构等各方面的作用，实行整体协调、资源集成、紧密协作、联合推进的工作体系。

④权责明确，规范管理。实行各方面权责明确、各负其责，以及决策、咨询、实施、监督相互独立、相互制约的管理机制。

6.营销实践总结

任何一个成功的商业案例，都有共同的特质：诚信、高质产品和优质服务。

①无论哪个行业，企业都应该将诚实守信视为企业成功的第一生命要素，并把这一要素贯穿于产销与服务的各个环节。

②产销第一要素是出高质量的产品。这个高质量的产品要求生产商在设计产品细节上精雕细琢，独具匠心，每一处细节都传达出产品"以人为本"的生产理念和文化品位。

③应把服务看成企业文化的外在表现和综合竞争力的体现。企业应该不断努力，向着目标一步步迈进，完善服务体系，提供全程跟踪服务，全面进行客户渗透。

7.提倡渐进创新

人们对创新概念的理解最早主要是从技术与经济相结合的角度，探讨技术创新在经济发展过程中的作用，主要代表人物是现代创新理论的提出者约瑟夫·熊彼特，其独具特色的创新理论奠定了他在经济思想发展史研究领域中的独特地位，也成为他经济思想发展史研究的主要成就。

①重大创新和改良型创新。重大创新的创新程度高，而改良型创新的创新程度较低，是渐进创新，不会引起市场或产业的急剧变动，但只要不断积累，由量变引起质变，仍然

可能引起巨大的变革。

②渐进创新。渐进创新在某个时点的创新成果并不明显，但它有巨大的累积性效果。渐进创新在规模经济和范围经济显著的行业有巨大的战略价值。发达国家企业创新能力的提高也是渐进的，大量的创新也是改良型的。发展中国家企业渐进创新过程的学习特点更强，对各种形式的模仿和学习是其渐进创新成功的关键。

③中国企业需要渐进创新。渐进创新是在他人成果基础上的创新，有参照系，有后发优势。中国企业提倡渐进创新的原因为：中国企业首先要学会的是真正迅速发现、理解国外的先进技术、先进经验，而后是结合国情为我所用。企业文化的基本理念应与企业实际状况、企业组织和战略相适应，企业文化体现渐进创新的思想是应用主义。渐进创新既应该成为企业文化中战略理念的内容，也应当成为日常理念的内容。下面以联想集团为例进行介绍。

联想集团成立于1984年11月，它从投资20万元的小企业发展到集团，收入超过200亿元，成为中国计算机公司的佼佼者，仅用了15年时间。联想集团重视渐进创新突出体现在领导层、骨干层的基本理念上，如联想集团的"1、3、5"思想。

"1"指"一条产业化道路"，即"贸工技"的发展道路。联想集团认为，中国高科技企业同世界先进企业的差距主要在于对市场和销售规律的掌握方面，因此，企业应从学习经销入手，确立市场优势，再进入生产领城。掌握强大工业生产的规律，最后进入高科技阶段，逐步逼近世界先进水平。

"3"即"管理三要素"。具体内容是搭班子、定战略和带队伍。这是联想集团管理文化的精髓。

"5"指的是"五条战略路线"。它是指坚持在信息产业领域内多元化发展的战略路线：以中国市场为主开展业务，奠定工业基础，开展科研开发，加强公司在研发中的推进作用，开辟股市融资渠道。

联想计算机公司是联想集团重要的业务公司。公司总裁杨元庆经常强调的是"每一年，每一天，我们都在进步"，强调"90%的继承，10%的创新"。

（二）自主创新理念的品牌营销

企业创新成功就能取得竞争优势，而保持企业竞争优势的唯一途径就是持续创新。自主创新能力是企业的核心竞争力之一，也是若干核心竞争力中的"核心"所在。中国企业自主创新的成功营销模式研究涉及以下三个方面。

1.中国企业品牌营销面临的问题

随着中国经济的不断发展和多元化，顾客的偏好和行为将不可避免地发生变化，在较富裕的城市，顾客的品牌偏好意识已经接近美国的水平。国外品牌已经紧紧抓住了年轻人的心，像索尼、肯德基、李维斯等就成了那些有一定支付能力的人的首选。现在中国企业品牌营销面对的问题包括以下四个方面。

①品牌。引起顾客品牌偏好的关键并不只是大规模的促销，而是在企业核心顾客群中建立对企业所承诺的品牌价值的信任感。中国国产品牌面临的最大挑战是如何从依靠大规模的广告和促销建立品牌意识，转变为通过战略性的步骤让目标顾客感受到的品牌价值。中国的国产品牌中，只有那些深谙市场细分之道及针对目标细分市场树立品牌形象的企业，才能在与老练的国际品牌激烈的角逐中立于不败之地。

②通路。广泛的产品生产线和当地生产的能力，以及建立起来的全国性品牌，都能有力地支持企业庞大的分销系统，特别是其产品线，通过对每个主要区域及城市提供有效成本且有针对性的产品而支持了其在分销上的投入。同时，高端渠道和形象继续在市场中延伸，企业将在长期运营中受益，并且其分销渠道也会逐步建立。

③战略。有步骤地在品牌领域进行多元化投资来扩大生产线，这是企业作为制造者和品牌建设者成功地进行资本积累的一种方式。还有一种趋势是全世界的领先品牌正日益转向采用另外一种可行的战略，即通过将生产外包而集中精力运作品牌来获取利润。制造商一般通过大众化的平价零售商店来出售过剩的产品。

④产品。我国的企业一直在努力改变外界对"中国制造"所形成的"低质低价"印象。为了在国内市场上与外国品牌竞争并取得成功，在全球市场上靠品牌价值分得市场份额，我国企业应努力使产品质量与国外产品相匹配。同时，通过降价可以赢得较多的低端市场份额，而采用新产品、新技术却可以赢得高端市场，这样可以创造品牌价值和能使企业长期受益的市场。

2.名牌战略

中国企业实施名牌战略的必要性如下。

①中国经济融入经济全球化过程的需要。中国经济融入经济全球化过程是一个大趋势，中国加入WTO以后这个趋势加快，中国的对策是研究自己经济的特点，改变"制造大国、品牌小国"的形象。

②中国经济转变增长方式的需要。转变经济增长方式有两个途径：一是"硬资源"的节约利用和循环利用；二是"软资源"的利用。要更多地利用"软资源"去发展，就必须更好地利用品牌。

③改变中国人"重制造、轻品牌"思想弱点的需要。中国人普遍认为制造是真本事，品牌无所谓。这个弱点集中表现在中国的汽车产业。

④地方经济发展的需要。地方经济的发展取决于当地经济的市场竞争力，市场竞争力的高低取决于经济有无特色，有特色的经济需要自主产业，自主产业一定要有龙头企业带领，而龙头企业表现为高档、名牌、技术高、规模大。所以，一个地方的经济最终取决于一个地方名牌企业的状况。

⑤企业参与市场竞争的需要。市场竞争很复杂，其可分为三个层面：价格竞争、质量竞争、品牌竞争。我们现在要提倡质量竞争，再上一个层面就是品牌竞争。

3.整合营销

整合营销反映出企业经营的整体水平，即企业面向内、外部开展的所有形态传播的整体化，它是一种对各种营销工具和手段的系统化结合，根据环境进行即时性的动态修正，以使交换双方在交互中实现价值增值的营销理念与方法。

①整合营销的内涵。整合营销是为了建立、维护、传播品牌以及加强客户关系，而对品牌进行的计划、实施和监督等一系列营销工作。整合就是把各个独立的营销工作综合成一个整体，以产生协同效应。这些独立的营销工作包括广告、直接营销、销售促进、人员推销、包装、事件、赞助和客户服务等。

②整合营销的主题。整合营销的主题即目标市场的针对性。企业应设定的目标为：对消费者的需求反应最优化，把精力浪费降至最低。这样才能得到理想的营销哲学：营销需要综合考虑更多目标消费者的点滴需求。

③价值的主题。综合营销应该与消费者本身有关，也就是需要全面地观察消费者。多角度地观察消费者将创造更多的机会，使得消费者不仅是"一次性购买"或重复购买同一商品，我们还要考虑到系统的"跨行销售"和"上游销售"。这个要素对于消费者行为的各个角度来说都是有效的。所以，营销需要综合考虑各个时间消费者行为的其他角度。

④整合营销中的沟通。整合营销要考虑如何与消费者沟通。消费者和品牌之间有更多的"联络点"或"接触点"，这不是单靠媒介宣传所能达到的。消费者在使用产品时对产品有更深入的了解，打开包装见到产品时、拨打销售电话等都是一种沟通，消费者之间相互交谈也产生了"病毒传播"般的销售机会。下面以王老吉的成功为例进行介绍。

红罐王老吉成功地整合营销传播，给这个有悠久历史的、带有浓厚岭南特色的产品带来了巨大的效益。2003年，红罐王老吉的销售额比上年同期增长了近4倍。由2002年的1亿多元猛增至6亿元，并以迅雷不及掩耳之势冲出广东；2004年，尽管企业不断扩大产能，但仍供不应求，订单如雪片般纷至沓来，全年销售额突破10亿元；2005年，再接再厉，

全年销量稳过20亿元；2006年，加上盒装。销售额近40亿元；2007年，销售额则高达90亿元。

王老吉已形成了具有自身特色的全国性品牌。它将"凉茶"当作"饮料"卖，改变了传统观念，提炼出核心的卖点，"怕上火，喝王老吉"成为时尚与流行。它还结合此观念重新设计产品的包装，再借助影响力大的中国中央电视台提升了影响力和形象，营销创新获得了巨大的成功。

品牌营销是一种典型的营销自主创新，企业结合自身的产品特性及市场需求，自主研发适合企业及产品形象的品牌进行推广，能获得巨大的成效。

（三）自主创新理念的特色营销

中国本土化市场营销是一门正在形成和发展的学科，特别是在西方市场营销学者极力推行他们的各种营销理念时，坚持中国本土化的市场营销就显得特别重要。西方的理论是否适合中国企业的实际需要呢？中国有句俗话："前进一步是先进，前进三步是先烈!"这就需要我们运用"拿来主义"的观点，结合中国现实的经济发展情况和企业所在行业的市场客观实际加以借鉴和创新。

1.立足市场

适当超前策划正是对所有企划人员的基本要求。营销策划的根本目的是使企业以最小的宣传投入达到最大的经济产出，同时让消费者了解企业产品的优良品质，指导消费者花最少的钱买到物有所值或物超所值的产品，实现双赢。

2. 立足中国国情

企业要想取得较快的发展，就必须立足中国国情，从具体情况出发，在经营理念、管理策略等方面汲取国外的先进经验，经融合提炼，形成具有鲜明中国特色的本土化营销策略。这种模式用理论概括起来就是以人为本的价值导向、有机弹性的组织机构、系统优化的管理方法、规范合理的管理制度。

3.手段要标新立异

营销自主创新要求的就是手段要标新立异，同时又符合企业的实际环境且卓有成效。它需要我们动脑筋来突破营销瓶颈，实现持续的良性发展，走自己独有的"特色营销之路"。这就是企业差异化经营定位、产品特色化选择、特色渠道的挖掘、招商模式的特色整合。下面以雪花啤酒为例进行介绍。

2006年5月16日，在燕京等啤酒品牌如火如荼地开展奥运营销时，从未和奥运相关组织商谈赞助事宜的雪花啤酒对外高调宣布了其"非奥运"营销战略。其品牌价值主张是

"啤酒爱好者，雪花支持你"，并在广告中让啤酒爱好者喊出"这比赛，有我们才行"的口号。雪花啤酒在这场奥运营销的潮流中没有亦步亦趋，而是另辟蹊径，将奥运会"重在参与"的精神，通过"啤酒爱好者合作伙伴"的方式予以体现，以此明显区别于竞争品牌"直接赞助奥运会"的营销手法，实现了自主创新营销模式的制胜之道，并取得了良好的效果。

二、营销合作创新模式

营销合作创新是指以两个或两个以上合作伙伴的共同利益为基础，以资源共享或优势互补为前提，合作各方在营销创新的全过程或某些环节共同投入，以获得最大的市场营销效果。紧抓执行力、关注细节才是营销创新的最佳举措。

（一）营销合作创新模式创建过程

营销合作创新模式中合作各方应遵循共同参与、共享成果、共担风险的原则，同时营销合作：创新模式创建过程中的成本与风险因被分摊而降低，以下为其创建过程。

1.寻求合作伙伴

①寻找合适的合作伙伴。投资是投融资双方共同努力的结果。投资方不仅要了解企业，企业也应该了解投资业乃至整个金融领域。企业盲目地和投资商进行接洽，然后进行合作，不仅最终会导致企业在人力、物力甚至时间上的损失，也会造成企业在金融资信方面得不到信任。因此，企业家在寻求投资之前，如果了解相关融资领域的惯例与知识，就可以避免不必要的损失。

②合作伙伴的形式。在探索型主题合作中，双方总是充满兴趣并积极主动地与对方互动，相互交流经验，从而不断形成新的经验。这是一种共同构建的合作过程，其中合作对象的组合尤为关键，因为它直接影响着共同构建的质量。合作伙伴一般有三种形式："强弱组合"是一种互补式的组合；"强强组合"是能力较强的互动组合；"弱弱组合"要及时鼓励、肯定对方的表现，使双方大胆探索，激发潜在能力，获得自我满足，形成新的体验，从而发挥探索的内在优势。

2.实现资源共享与整合

中国企业应该在竞争的同时，加大合作的力度，科学有效地整合中国企业管理资源，以一个整体参与国际竞争，抵御国际跨国集团的冲击。企业管理资源的共享与整合有三方面内容。

①人力资源的整合。中国企业需要的不是人才评测机构，而是人才整合机构，人才的评测应在人才整合的框架下进行。人才整合机构将企业的员工收入旗下，建立员工职业档案，规划员工的职业生涯，分阶段、分工种进行终身统一培训，并服从统一分配。人力资源的整合不是人才的转移而是人才的再生。

②品牌战略资源的整合。品牌是一种文化，是消费者感受产品的总和。品牌主要包含名称、标志、口碑、服务等内容。成功缔造品牌战略的企业，应当把成功的经验与其他企业分享，这也是企业品牌的继承与发展，是提升自身品牌价值的体现。

③营销策划资源整合。营销是关于企业如何发现、创造和交付价值以满足一定目标市场的需求，同时获取利润的学科。企业要在销售大军中挖掘营销人才，进行专业培训，使其服务企业、服务社会。企业家要增强意识，任人唯贤，推荐优秀销售人才参与到营销策划资源整合的队伍中来，储备能量，服务于整个中国民族经济的发展。

3.建立创新集群

创新集群是一个系统。在这个系统中，各要素构成、要素之间正式和非正式的连接构成了创新系统，特别是在网络体系上，其直接影响集群的技术创新。在创新集群的网络系统中，创新优势来源于系统合作，高位优势企业的技术创新能力决定集群在产业链中的位置，环境和制度是激励创新的动力。

进入21世纪以来，集群的发展对创新的要求越来越高，知识、技术传递的速度、深度、广度和方式都发生着变化，这些使创新集群跨区域网络的建立不仅成为必要，而且成为可能。对中国创新集群来说，通过跨区域技术集成弥补创新能力不足成为可行的途径。因此，跨区城建立创新集群的网络系统是必不可少的。

4.共同开发

企业合作营销的新趋势是共同开发战略，共同开发在中国企业中占有越来越重要的位置，企业应该抱有一种更加开放的心态来对待这一趋势，并能善于利用产品本身的优势来搭建一个平台，利用异业合作战略为产业服务。

商业性是产品的重要属性，营销作为其商业属性的重要部分，有其自身的规律和特征，尤其是在当代企业中，企业合作营销与共同开发战略的兴盛具有非同寻常的意义。

企业合作营销以及共同开发战略，在未来中国企业中必将保持兴盛的状态。

（二）合作创新的联合营销

联合营销是基于合作创新理念的营销，它指两个或两个以上企业或品牌拥有不同的关键资源，而彼此的市场有某种程度的区分，为了彼此的利益进行战略联盟，交换或联合被

此的资源，合作开展营销活动，以创造竞争优势。它的理念与营销合作创新一致，即品牌匹配是前提，利益一致是动力，资源共享是基础。下面举例进行介绍。

在"2006科特勒（中国）营销战略年会"中，世界权威营销专家菲利普·科特勒指出在营销传播手段日渐多元化的现代社会，"直复营销"将颠覆传统的营销模式，成为一种新的潮流，而其中比较有代表性的是以在线游戏为代表的游戏营销平台。

就在北京车展被全世界所瞩目的时候，另外一个活动也利用这股爱车热潮俘虏了赛车迷们的心，这就是由盛大网络《疯狂赛车》联手上海大众举办的"上海大众疯狂赛车疯狂赛"活动。上海大众在其"POLO劲情"和"POLO劲取"上市之际。选择了人气很旺的赛车类休闲游戏《疯狂赛车》做市场推广，在游戏中多条赛道上设立了POLO车的广告牌，并且还专门为《疯狂赛车》制作了一辆可以在游戏中使用的道具POLO车，完全营造出了一个以上海大众POLO轿车为主题的游戏环境。

"《疯狂赛车》与上海大众的这次商业合作可谓佳偶天成，将家庭轿车与网络游戏业紧密结合在一起，开创了一个新的合作模式，实现了双赢，成为'直复营销'案例的典范，网络游戏有望成为新的营销平台。"一位业内专家如此说道。

在"上海大众疯狂赛车疯狂赛"活动中，POLO轿车的品牌形象无处不在，由于游戏广告不仅以广告牌等形式出现，还让玩家通过广告道具的使用感悟POLO的品牌理念，这一切都不会干扰游戏的正常进行，这些现实中存在的品牌让玩家体会到了真实的接近感从而吸引其眼球，起到潜移默化的效果。这一切都印证了"营销之父"科特勒对营销合作创新成为下一代"金矿"的前瞻。

三、营销模仿创新模式

营销模仿创新模式是指企业通过学习模仿率先创新者的营销创新思路和方法，吸取其成功营销经验和失败的营销教训，并在此基础上改进和完善，进一步研发更适合企业本身的营销模式，以达到追求最大市场营销效果的目的。

（一）营销模仿创新模式创建过程

营销模仿创新模式由于是后期模仿别人的创新成果再加以改进，因此往往具有低投入、低风险、市场适应性强的特性，但同时也缺乏主动性，以下为其创建过程。

1.选择模仿对象

不是所有的创业者在商业模式上都需要创新，而成功的模仿往往能为企业的成长节约

时间与成本。有数据显示，在产品创新方面，每七个创新产品，只有一个能获得成功。在这种情况下，"模仿"对于创业者来说比"创新"更容易产生效益。所以，我们只有通过市场敏锐地选择模仿对象。

2.消化吸收先进技术

引进国内外先进技术和设备是对外开放的重要组成部分，技术的引进、消化、吸收、再创新是实施自主创新战略的重要方面。当前抓住跨国公司加速技术转移的机遇，鼓励促进技术引进，对于加快产业结构和出口结构调整，提高企业核心竞争力，转变外贸增长方式，实现外经贸可持续发展具有重要意义。因此，企业要充分了解自己所在地区技术引进、消化、吸收、再创新的情况，分析存在的问题，才能提出对策建议。

3.研究可再创新集群

块状经济是我国沿海地区的特色和优势，在沿海地区工业中占有举足轻重的地位。近年来。沿海地区块状经济呈现出数量继续扩张、质量稳步提高的良好发展态势。政策研究室可以进行系统调研，分析块状经济近年来发展的新变化、新特点和新趋势，提出发展块状经济的政策建议：从简单聚集到产业集群，竞争优势将进一步凝聚。

4.投入研发资源

企业自主产品研发需要各种研发资源的有效支撑，其资源整合的过程是一个系统过程要考虑很多因素。

①企业自主产品研发资源的整合方法，包括：明确企业的实力；区分自主产品研发的外向性程度；辨析资源类型和获得的难易程度；选择合适的资源整合模式；建立有利于资源整合的机制，优化企业组织结构，实现流程再造；形成完整的自主创新体系和环境，培养专业的资源管理队伍，提升研发人员的素质。

②形成合理的资源整合系统。资源整合系统具有自创性、自适应性、自生长性、自复制性等自组织的特征。在这种系统中，系统会不断通过与外界进行资源交换而得到优化。在整台系统的优化过程中。企业要不断积累创新经验，形成比较统一的创新路径和创新环境，形成创新的领域，最终形成比较完善的企业创新系统。

（二）营销模仿创新模式的再创新

随着行业改革的不断深入，市场营销的内容和方式也发生了很大变化。适应营销发展新趋势，把品牌做大做强，运用新的营销理念为企业谋求更大的效益，是企业持续发展的关键。企业要确保市场营销处于高水平的状态，就要不断加大营销创新的力度，着力在绿色营销、文化营销、品牌营销、服务营销、全球营销等方面进行探索。

营销模仿创新不等于简单的跟随抄袭，而是在此基础上投入研发资源，进一步改进和完善。许多企业在这方面的认识有偏差。为了更好地理解这个观点，下面举两个营销模仿创新的网络营销例子进行比较。

①1998年，迪士尼公司将其在线业务与Infoseek（早期重要的搜索引擎）整合进行网络营销，建立了门户网站，原定的竞争对手是雅虎（Yahoo）。但是由于没考虑到此网站有自己特殊的营销环境（如不适合涉及少儿不宜的内容等），仅仅两年时间，迪士尼就关闭了此网站，账面直接损失为7.9亿美元。

②2006年4月，芒果网宣布与网易旅游频道进行战略合作，共同打造全新的芒果网易旅游频道。双方通过充分调动网易的品牌、用户资源优势进行芒果网的市场扩张。芒果网并不是单纯地抄袭国外一些网络营销的成功例子，而是结合自己的品牌特色，创造出适合自身的"病毒性营销"。

2006年"十一"黄金周正值传统中秋佳节，双节同至，芒果网与网易中秋贺卡合作，推广活动以"病毒性"传播的方式在用户之间蔓延。活动期间，芒果网新增注册会员超过1.2万人，还有超过17万的用户浏览了芒果网促销的详细资料，获得了卓有成效的营销传播效果。

同样是对网络营销模式的模仿创新，两个案例有截然不同的结果，最主要的原因是前者没有很好地理解和运用营销模仿创新的理念，只是单纯地跟随；而后者是进行改进和完善的再创新，是真正的营销模仿创新。

第四节　营销创新模式原创案例：动感地带赢得新一代

一、案例背景

中国移动作为国内专注于移动通信发展的通信运营公司，曾成功推出了"全球通""神州行"两大子品牌，成为中国移动通信领域的市场霸主。但市场的进一步饱和、中国联通的反击、小灵通的搅局，使中国移动通信市场弥漫着价格战的硝烟，如何吸引

更多的客户资源、提升客户品牌忠诚度、充分挖掘客户的价值，成为运营商成功突围的关键。

二、"动感地带"营销事件回放

第一阶段：2003年3月15日到4月15日。

这一阶段主要是集合各种大众传播工具对市场进行广泛告知，推广主题为"动感地带全面上市"。这个阶段是品牌名称和粗线条的概念告知阶段，产品和业务的推介是其次。

第二阶段：2003年4月10日到9月15日。

动感地带在这个阶段推出了品牌代言人，推广主题为"玩转年轻人通信自治区"。这个阶段主要是由周杰伦示范动感地带业务的种种利益点，深度细致的产品推介是其次。

第三阶段：2003年9月10日到2004年7月。

这一阶段的推广主题为"亮出特权身份，就在动感地带"。这一阶段是业务深度推介阶段和品牌文化纵深传播阶段，目的是让目标对象产生一种品牌的自我认同和身份识别，明显地感觉到"哦，原来我就是M-ZONE人"。这一时期的"寻找M-ZONE人"主题活动就是以这个目的来设计的。

第四阶段：2004年7月以后。

这一阶段的推广主题为"扩张我的地盘"。在经历了对第一阶段总的主题"我的地盘，我做主"的利益认知识别后，为了配合市场推广的进一步深入，动感地带在第四阶段将市场推广目标直接作为品牌推广的主题。并且，这个阶段的品牌文化宣导在原有的基础上也做了些微的调整和转移，将原来单纯的"玩"细化到了"有积极追求的创业理想"上，因为这部分人群不会是因为玩物丧志而丢失成长为高价值客户的可能。

三、营销策划分析

手机已成为人们日常生活的普通沟通工具，伴随3G浪潮的到来，手机凭借运营网络的支持，其服务内容更加多样化，同时孕育着巨大的商机。而同其他运营商一样，中国移动旗下的"全球通""神州行" 两大子品牌缺少差异化的市场定位，目标群体粗放，大小通吃。一方面是移动通信市场黄金时代的到来，另一方面是服务、业务内容上的同质化，面对"移动牌照"这个资源蛋糕将会被越来越多的人分食的状况，在众多的消费群体中进行窄众化细分，更有效地锁定目标客户，以新的服务方式提升客户品牌忠诚度、以新的业务形式吸引客户，是运营商成功突围的关键。

（一）精确的市场细分，圈住消费新生代

中国移动将以业务为导向的市场策略率先转向了以细分的客户群体为导向的品牌策略，在众多的消费群体中锁定15～25岁年龄段的学生、白领，产生新的增值市场。锁定这一消费群体作为自己新品牌的客户，是中国移动"动感地带"成功的基础。

①从市场状况来看，抓住新增主流消费群体。15～25岁年龄段的目标人群正是目前预付费用户的重要组成部分，抓住这部分年轻客户，也就抓住了目前移动通信市场大多数的新增用户。

②从长期的市场战略来看，培育明日高端客户。以大学生和公司白领为主的年轻用户，对移动数据业务的潜在需求大且购买力会不断增长，三五年以后将从低端客户慢慢变成高端客户，有效锁定此部分消费群体，企业便为在未来竞争中占有优势埋下了伏笔，有利于逐步培育市场。

③从中国移动的品牌策略来看，形成市场全面覆盖。"全球通"定位高端市场，针对商务人士和成功人士，提供有针对性的移动办公、商务服务功能；"神州行"满足了中低端市场普通客户通话需要；"动感地带"有效锁定以大学生和公司白领为主的时尚用户，推出语音与数据套餐服务，全面出击移动通信市场，牵制住了竞争对手，形成预置性威胁。

（二）独特的品牌策略，另类情感演绎品牌新境界

"动感地带"目标客户群体定位于15～25岁的年轻一族，从心理特征来讲，他们追求时尚，对新鲜事物感兴趣，好奇心强，渴望沟通，崇尚个性，思维活跃，有强烈的品牌意识，对品牌的忠诚度较低，是容易互相影响的消费群体；从对移动业务的需求来看，他们对数据业务的应用较多，这主要是因为数据业务可以满足他们通过移动通信进行娱乐、休闲、社交的需求。中国移动据此建立了符合目标消费群体特征的品牌策略。

①动感的品牌名称。"动感地带"突破了传统品牌名称的"正""稳"，以"奇""特"彰显其特性，充满现代的冲击感、亲和力，同时整套视觉识别系统（VI系统）简洁有力，易传播，易记忆，富有冲击力。

②独特的品牌个性。"动感地带"被赋予了"时尚、好玩、探索"的品牌个性，同时向消费群提供以娱乐、休闲、交流为主的内容及灵活多变的资费形式。

③炫酷的品牌语言。富有叛逆感的"我的地盘，听我的""用新奇宣泄快乐""动感地带M-ZONE，年轻人的通讯自治区！"等流行时尚语言配合富有创意的广告形象，将追

求独立、个性、更酷的目标消费群体的心理感受描绘得淋漓尽致，使目标消费群体产生情感共鸣。

④犀利的明星代言。周杰伦以阳光、健康的形象，同时有点放荡不羁的行为，成为流行中的"酷"明星，在年轻一族中极具号召力和影响力，与动感地带"时尚、好玩、探索"的品牌特性非常契合，他的代言可以更好地回应和传达动感地带的品牌内涵，从而形成年轻人特有的品牌文化。

（三）整合的营销传播，以体验之旅形成市场互动

"动感地带"作为一个崭新的品牌，更是中国移动的一项长期战略，在完成市场细分与品牌定位后，中国移动大手笔投入了立体化的整合传播：以大型互动活动为主线，通过体验营销的心理感受，为"动感地带"以后的营销传播推波助澜。

①立体轰炸式传播。选择目标群体关注的报纸、电视、网络、户外、杂志等媒体。将动感地带的品牌形象、品牌主张、资费套餐等信息迅速传达给目标消费群体。

②活动以点带面。从新闻发布会携手周杰伦和周杰伦个人演唱会到600万大学生"街舞"互动，结盟麦当劳，冠名赞助"第十届全球华语音乐榜中榜"评选活动。形成全国市场的互动并为市场形成良好的营销氛围。

③"高空"与"地面"结合。中国移动在进行广告"高空装炸"、利用大型活动推广传播的同时，各级市场同时开展了走进校园的相关推广活动，建立校园联盟。在业务形式上开通移动QQ、铃声下载、资费套餐等活动，为消费群体提供实在的服务内容。使"高空"与"地面"相结合。

④情感中的体验。在所有的营销传播活动中，中国移动让目标消费群体都参与进来，产生情感共鸣，特别是全国"街舞"挑战赛，在其体验过程中将品牌潜移默化地植入。

第六章

基于人工智能的大数据挖掘

第一节　大数据的基本概念与产业发展趋势

一、大数据的基本概念

与传统数据相比，大数据是需要新处理模式才能具有更强的决策力、洞察发现力和流程优化能力来适应海量、高增长率和多样化的信息资产。大数据通过数据采集、数据存储和数据分析，能够发现已知变量间的相互关系，从而进行科学决策。大数据的价值在于对数据进行科学分析以及在分析的基础上进行数据挖掘和智能决策。大数据以数据为单位，计算机学家认为大数据是个体量巨大的数据集，技术人员认为大数据是个收集、处理、分析、应用数据的新模式，经济学家则把它看成用之不竭的资产。由于大数据拥有巨大量的数据形式的资料，一些传统的数据库软件已经无法对大数据进行获取、保存、处理、分析等操作，因此，需要开发更加强大的数据库软件对大数据进行一系列的操作，并且在数据处理方式上也要进行创新，这样提取出的数据才更具有可靠性，同时可给企业和政府管理部门带来迅速增长、种类多样、流程简单，具有高洞察力和决策力的信息资产。大数据正处于快速扩张阶段，各行业都有涉及，一些行业的数据存储量已经远超了拍字节（PB）。

大数据的主要特点如下。

①数据量的规模大（如我们日常使用的计算机或者存储设备都是TB级别的，而相对较大的企业的数据量是在艾字节［EB］级的规模）、储存量大、计算量大、数据的增长速度以及获取速度快。

②数据具有格式种类的多样性（如数据结构由传统的结构化数据转向与非结构化、半结构化数据共存的状态）、广泛性、高价值属性、无结构性、便捷性。

③大数据富含巨大价值，但是这种价值的密度却很低，需要大浪淘沙般地从规模巨大、类型繁多的数据中快速提取有价值的数据信息。有些数据从表面上看是一些无用数据，但是在数据分析、整合过程中却能够体现出巨大的价值，并且这些数据可以被保留并在不同的统计中反复分析和使用而不会被损坏，也不会被降低价值。

大数据的处理流程一般包括收集、分析、应用三个环节。首先，通过社交网络、电商、联网的移动智能终端、物联网、各类传感器网络、导航仪等渠道采集数据，这既包括缓存在设备上的Cookies，又包括设备上的数字、图片等内容。巨大体量的数据汇聚在一起形成了大数据集合，其中所蕴含的数据价值倍增。这些被收集的原始数据利用一些理论和方法进行挖掘、整合、分析等，数据与数据之间发生诸多关联，产生更多信息，这些信息将被运用于构建智慧医院、智慧城市、智慧政府等。

大数据最早是信息科学的科学概念，即IT学科的概念术语，它是对在数据技术和数据终端快速发展的背景下产生的庞大数据量和指数化增长的数据量增速的描述。随后，数据分析人员在对庞大数据背后的信息价值研究的基础上，进一步将大数据的概念拓展为利用传统数据处理系统无法完成存储、处理和分析的具有数据内涵价值的数据整体。根据在大数据分析中所采用的分析方法和对象的不同，大数据的内涵再次得到拓展，即大数据是指不使用随机分析（抽样调查）法这样途径获得数据，而是对所有数据进行分析处理。

至此，大数据不单是信息学科的科学概念，更涉及管理咨询、信息分析等多个学科。IBM管理咨询专家指出，大数据具有"5V"特性：Volume（大量）、Velocity（高速）、Variety（多样）、Value（低价值密度）、Veracity（真实性）。Volume是指大数据以数据整体为分析对象，在当前数据基数大、数据增速迅猛的情况下，数据总体规模巨大且数据规模扩张速度明显。Velocity是指在大数据背景下的分析工作借助于数据分析技术和现代计算机技术，相较于人工分析技术，分析人员能够快速地对整体数据实现数据高速分析。Variety是指在新的数据分析技术背景下，计算机的数据分析技术不仅能对数字、文字等结构化数据进行分析，将来也能对图片、视频、音频等非结构化数据进行分析，无须人工进行数据结构的转化。Value是指尽管大数据是针对数据整体的分析，数据整体的规模也将不断扩大，但是其中能够为分析人员所利用的价值数据仅仅占其中的一小部分。因此，数据规模越大，其中的价值数据所占的份额比例越小，数据价值密度越低，数据分析人员首先需要对全体数据进行筛选，随后开展数据分析。Veracity是指大数据的数据来源是真实存在的数据集合，是对现实世界产生的数据的抽取与转化。相比较以传统统计分析为基础

的管理咨询和数据分析，大数据放弃了统计抽样的方法。大数据的分析对象是数据整体而非抽样数据，其分析结果具有全面性，避免了抽样风险对数据分析结果的影响。快速的数据分析处理技术使得大数据的分析处理结果具有实时性，避免了"保鲜期"极短的数据信息失去原有的信息价值。

二、大数据的产业发展趋势

近年来，全球大数据的发展仍处于活跃阶段。国际数据公司（IDC）发布的报告称，2019年，大数据与商业分析解决方案全球市场的整体收益达到1896.6亿美元（约合人民币13495.1亿元），这一数字相比2018年增长12.1%。国际数据公司（IDC）统计显示，全球近90%的数据将在这几年内产生，预计到2025年，全球数据量将比2016年的16.1ZB增加十倍，可达到163ZB。随着大数据、移动互联网、物联网等产业的深入发展，我国数据产生量将出现爆发式增长，数据交易将迎来战略机遇。我国产生的数据量将从2018年的7.6ZB增至2025年的48.6 ZB， 复合年增长率CAGR达30.35%，超过美国同期的数据产生量约18ZB（注：ZB， 即十万亿亿字节）。

近年来，我国大数据产业受到党和国家及地方政府的高度重视。2015年，国务院正式印发了《促进大数据发展行动纲要》（国发〔2015〕50号），成为我国发展大数据技术及产业的首部战略性指导文件。各省级政府成立了大数据局管理机构，纷纷出台支持大数据技术开发、平台建设和产业发展的战略，使大数据产业发展的政策环境日益完善，大数据技术产品水平持续提升，大数据产业蓬勃发展，行业融合应用不断深化，数据资产化步伐稳步推进，数字经济量质提升，对社会经济的创新驱动、融合带动作用显著增强。

第二节　大数据挖掘的基本理论与技术

一、数据挖掘概述

数据挖掘是一门交叉科学，它涉及人工智能、机器学习、统计学、模式识别、数据库

等诸多领域。它起源于数据库中的知识发现（Knowledge Discovery in Database，KDD），利用统计学、机器学习、数据库等技术从数据中挖掘人们感兴趣的模式，并且找出之前没有发现的隐藏在数据中的准确信息。在技术上，它吸收了数据库和数据仓库的海量数据管理技术以及数据可视化技术；在方法上，它自成一派，开创了适合自己的一般步骤和流程。数据挖掘将原来存储在数据库中的数据的潜在价值挖掘出来，为社会所用，为人类造福。例如，原本孤立地存储在数据库中的数据可以用来做购物网站，屏蔽垃圾电子邮件，诊断疑难杂症，帮助大型企业的管理者做出科学决策等。

20世纪60年代，统计学家最开始在没有先验假设的情况下做了一些基础的统计分析工作，当时他们称为"Data Fishing"或者"Data Dredging"。数据挖掘（Data Mining）最早是在1990年被数据库社区的学者们提出的，然后逐渐被其他领域的学者慢慢接受并广泛使用。这一术语在人工智能和机器学习领域受到了真正的热捧，人工智能和机器学习领域一直将数据挖掘作为数据库中知识发现的一个关键技术。自2007年以来，数据科学（Data Science）也用于描述这一领域。数据挖掘要解决的核心问题是：知识表示，属性选择，处理确实值、异常值和稀疏数据，发现感兴趣的模式等。数据挖掘与数据分析最大的不同是：数据挖掘倾向于发现以前从未发现过的模式，这意味着数据挖掘比数据分析要复杂得多。

数据挖掘的目标是从大数据集中提取有价值的信息，并将其转化为可理解的结构以供进一步使用。除了原始的分析步骤外，它还包括数据库和数据管理、数据预处理、模型和推理考虑、兴趣度量、复杂性考虑、发现结构的后处理、可视化和在线更新。总之，数据挖掘是数据库知识发现过程的分析步骤。实际的数据挖掘任务是对大量数据进行半自动或自动分析，以提取以前未知的、有趣的模式，如数据记录组（聚类分析）、异常记录（异常检测）和依赖关系（关联规则挖掘、顺序模式挖掘）等。这些模式可以被看作是输入数据的一种总结，并且可以用于进一步的分析。数据挖掘步骤可以识别数据中的多个组，然后通过决策支持系统来获得更准确的预测结果。

随着社会信息化的不断推进，各种类型的数据也在爆发式增长，如何从海量数据中获得有价值的信息成为当今各行各业的迫切需求。在这样的大背景下，数据挖掘技术越来越受到重视并被深入研究。

数据挖掘作为数据知识发现的一个主要手段，它的基本定义是：从大量的、不完全的、有噪声的、模糊的、随机的实际数据中发现隐含的、规律性的、人们事先未知但又具有潜在应用价值并且最终可理解的信息和知识的非平凡过程。数据挖掘所发现的知识可使用在数据管理、优化检索、提供决策帮助等方面。另外，数据的维护与探查也可通过这一技术完成。

与传统数据库等静态数据统计相比，数据挖掘具有以下四个方面的显著优点。

第一，数据挖掘所面对和处理的是海量数据，它利用了诸如分布式等海量运算工具；

第二，数据挖掘是为了从数据中发现人们难以获得的隐藏信息；

第三，数据挖掘整个过程可自动化完成，它也是人工智能的一项成功运用；

第四，数据挖掘包含了大量的交叉学科知识，是一门集合了统计学、数据库、模式识别和人工智能等学科的综合学科。

数据挖掘最主要的任务是利用复杂的数据进行预测性描述，在此基础上可衍生出以下几种常用的任务类别。

（一）分类与回归学习

回归学习（Regression Learning）和分类学习（Classification Learning）是机器学习中的两大类问题。回归学习的输出是连续的，而分类学习的输出则是代表不同类别的有限个离散数值。例如，如果有一个数据集x，它所对应的真实值为y_1，回归就是通过将这些数据集拟合出一个函数关系，使得$y_2=g(x)$。当然拟合可能会有误差，可能不完全准确，但是有一定的真实性，重点就是通过已知去预测未知，误差大小为$e=y_2-y_1$。分类就是一个类似于sign（x）函数的问题，就是你输入一个x，得到的输出要么是0，要么就是1。分类与回归是数据挖掘中最常用的两种算法。它们是一类描述了不同类别数据特征的模型，能够对数据进行正确的分类与量化。分类与回归能够在海量数据中自动寻找预测性的信息，并且快速地应对数据的变化，给出数据最直观的信息。例如，在商业领域的预测问题上，分类与回归学习能够预测关于市场未来的数值信息，或者为未来新用户进行归类与推荐，对未知事件做出响应与反馈。

（二）关联分析学习

从大规模数据集中寻找物品间的隐含关系被称作关联分析学习（Association Analysis Learning）或者关联规则学习（Association Rule Learning）。这些信息往往难以用常规的手段统计得到，通过规则能够清晰展示数据属性之间的联系。其中数据关联可分为单一、时序、因果等关联。关联分析学习是在找到数据属性的关联网络，为数据的进一步识别和区分提供可信度高的规则系统。关联分析的目标是发现频繁项集和发现关联规则。例如，沃尔玛拥有世界上最大的数据仓库系统，为了能够准确了解顾客在其门店的购买习惯，沃尔玛对其顾客的购物行为进行分析便可知道顾客经常一起购买的商品有哪些。沃尔玛数据仓库里集中了其各门店的详细原始交易数据，在这些原始交易数据的基础上，沃尔玛利用

数据挖掘方法对这些数据进行分析和挖掘，得到一个意外的发现"跟尿布一起购买最多的商品竟是啤酒!"经过大量实际调查和分析，揭示了一个隐藏在"尿布与啤酒"背后的美国人的一种行为模式：在美国，一些年轻的父亲下班后经常要到超市去买婴儿尿布，而他们中有30%～40%的人同时也会为自己买一些啤酒。产生这一现象的原因是：美国的太太们常叮嘱她们的丈夫下班后为小孩买尿布，而丈夫们在买尿布后又随手带回了他们喜欢的啤酒。

（三）聚类学习（Clustering Learning）

聚类学习是机器学习中一种重要的无监督算法，它可以将数据点归结为一系列特定的组合，主要有K均值聚类、均值漂移算法、基于密度的聚类算法、利用高斯混合模型进行最大期望估计和凝聚层次聚类等聚类算法。理论上，归为一类的数据点具有相同的特性而不同类别的数据点则具有各不相同的属性。聚类学习一般包含了模式识别、相似性度量等学科，与分类回归最主要的区别在于它主要面向无标签的数据，通过衡量数据之间的相似性进行分组和归类，根据数据类间相似性原理分成若干簇群。聚类学习在一定程度上提高了人们对数据的客观认识，大大增加了数据之间的偏差性。

（四）孤立点分析

Hawkins给出了孤立点的本质定义：孤立点（Outlier）是在数据集中与众不同的数据，使人怀疑这些数据并非随机偏差，而是产生于完全不同的机制。它可能是度量或执行错误所导致的，例如，一个人的年龄为-888可能是程序对未记录年龄的缺省设置。另外，孤立点也可能是固有的数据变异性的结果。例如，一个企业老板的工资自然远远高于公司其他雇员的工资，成为一个孤立点。因此，孤立点分析可以用于发现标准类型知识外的偏差型知识，这种知识体现在数据集中包含差异性的特例对象上，可以揭示出事物偏离常规的异常现象，通常是数据聚类外的一些离群值。偏差型知识可以在不同的概念层次上发现。

孤立点分析有着广泛的应用。它能用于欺诈监测，例如探测不寻常的信用卡的使用情况或电信服务。此外，它可在市场分析中用于确定极低或极高收入的客户的消费行为，或者在医疗分析中用于发现对多种治疗方式产生的不寻常反应。

（五）摘要（Summarization）

摘要是一种在数据集中寻找能够包含整个集合信息代表性子集的过程。摘要任务不仅仅局限于文本摘要，如图像摘要系统要找到最重要的图片，监控视频要找到最重要的事件等。

（六）异常检测（Anomaly Detection）

异常检测的假设是入侵者活动异常于正常主体的活动。根据这一理念建立主体正常活动的"活动简档"，将当前主体的活动状况与"活动简档"相比较，当违反其统计规律时，认为该活动可能是"入侵"行为。异常检测的主要目的是指从数据中找出不符合预期的模式。在不同的语境中，异常检验也被称为异常值检测、新颖性检测、噪声检测、偏差检测或异常挖掘。异常检测技术用于各种领域，如入侵检测、欺诈检测、故障检测、系统健康监测、传感器网络事件检测和生态系统干扰检测等。它有时也应用于预处理中，可删除数据集中的异常数据。

上述数据挖掘技术有着广泛的应用，从商业应用方面来说，数据挖掘技术是一种数据信息化的处理方式，它的核心要点在于对海量结构化和非结构化数据进行抽取、转换、加载（Extract Transform Load，ETL）操作与建模，从中提取出人们感兴趣并且难以通过常规手段发现的信息。其中结构化数据以数据库结构为代表，例如文本等文件；非结构化数据通常包含了图像数据、影音数据、传感器数据等。所以数据挖掘这种分层分析数据的技术可以描述为：按照具体的业务主题制定挖掘目标，对海量的数据特征进行分析处理后建立模型，从而展示未知的、有价值的信息或者规律。随着随机数据挖掘技术的不断发展，基本形成了以人工智能、数据库系统、量化统计为核心的综合科学，研究方向包括计算理论、数据仓库、可视化技术等衍生领域。

数据挖掘的基础是数据库，但数据库在数据挖掘中已经不再是一个存储一张简单的表或者用于数据分析的工具。首先，数据库像是一个没有任何结构和预先定义好的模型的存储空间。例如，许多非计算机方面的研究人员只需要在文本编辑器上输入简单的数据，就能将实验日期与地址、实验化学成分等诸如此类的信息放进数据库中。如果人们想要达到这样的目的，必须对自然语言使用大量的注释才可实现。其次，数据库主要以分层或者关系格式结构存储数据并且需要使用接口才能查询存储数据，这样做的好处是能够制定完整的数据标准和固定的访问规则，例如，为了搜索某些特定标准的数据，需要通过查询语言与数据库管理系统（Database Management System，DBMS）通信。当一个数据库的数据不是用于学习，而是用于其他方面时，这些数据通常都是杂乱无章并且漏洞百出的。最后，数据挖掘的数据库其存储量的增大并不会导致算法变慢。在数据挖掘过程中，DBMS通信不仅要快，还必须优化访问数据库的应用程序。也许比其他领域更为重要的是，当直接访问或通过选择访问少量特别有趣的数据时，必须考虑数据访问的复杂性。

二、数据挖掘框架

如前所述，数据挖掘的目的是从海量无规则的数据中发现有价值的隐藏信息，根据挖掘目的不同选择相应合适的算法对数据进行分析、重构、预测、解释和评估，最后将数据挖掘的结果交给相关领域专业人员进行分析和表达，并且借助数据可视化技术对结果进行可视化展现，使用户能够通过数据得到所需要的结论。

数据挖掘整体流程可以分为以下几个基本步骤：确定挖掘任务目标、数据采集、数据预处理、特征工程、模型训练、模式评估、结果分析、数据展示，其挖掘框架如图6-1所示。

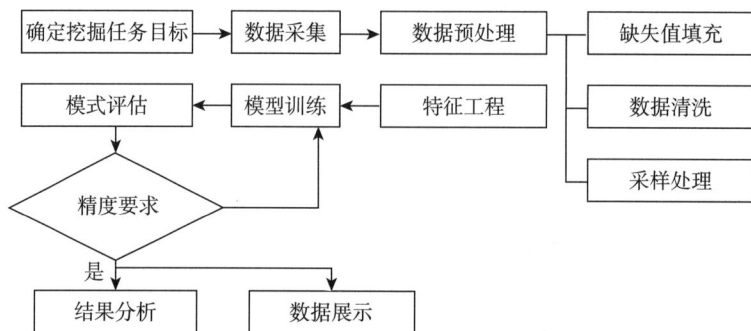

图6-1 数据挖掘流性

首先根据需要确定挖掘任务的目标所属问题，比如：分类、回归时序、聚类学习等，一旦确定了目标便可以在对应的场景下采集原始数据。数据预处理是将收集到的原始数据进行清洗与格式化、采样处理等操作。这一阶段是整个数据处理过程中重要的阶段。由于数据的质量会直接影响到预测的结果，所以该步骤直接保证了数据的有效性和一致性。数据预处理阶段主要将不一致数据、非对齐数据、缺失数据、异常数据等进行补齐和修正。在数据预处理阶段还要保证在不修改原始数据的同时，数据的信息不丢失。经过数据预处理的样本在特征工程步骤中需要按照业务逻辑生成与目标变量相关的特征，或者依据统计学原理衍生出其他特征以便更好地描述数据。这一步骤是整个数据挖掘中最为复杂和耗时的工作，它直接决定了预测结果的上限。

经过特征工程的训练样本准备完毕后，便可选择合适的算法进行模型训练。回归学习可选择线性回归、加权回归、时序分析方法等多种算法，分类学习可选择逻辑回归、支持向量机、贝叶斯算法、神经网络等模型。数据挖掘的训练是一个螺旋上升的过程，需要予制定好的评价函数不断评估、调节参数以完善挖掘模型。

三、数据挖掘的基本步骤

通常情况下，完整的数据挖掘过程由以下几个步骤组成。

①数据清洗（消除数据的噪声和不一致性）：数据库中的数据集或多或少都会存在不完整、不一致的数据记录，在不合格的数据集上无法直接使用数据挖掘算法进行数据分析。而数据清洗可以通过填补缺失数据值、平滑数据噪声、消除数据异常值等手段，提高数据记录的质量，使其符合挖掘算法的规范和要求。

②数据集成（组合多种数据源）：就是将来自多个数据源的数据合并到一起，形成一致的数据存储，有时数据集成之后还需要进行数据清洗以便消除可能存在的数据冗余。

③数据规约（从数据库中提取与分析任务相关的数据）：在不影响数据挖掘结果的前提下，可以通过数据聚集、删除冗余特性的方法压缩数据集规模，只保留与数据挖掘关联的数据，从而降低数据挖掘的时间复杂度。

④数据变换（将数据变换为适合挖掘的形式）：数据变换的方法众多，包括平滑处理、聚集处理、规格化、数据泛化处理、属性构造等。此外如果数据是实数型的，还可以使用概念分层和数据离散化的手段来转换数据。

⑤知识发现（使用算法提取数据集中的有用知识）：是数据挖掘的核心步骤。知识发现使用数据挖掘算法分析数据仓库中的数据集，从而找到有用的数据模式。

⑥模式评估（依照某种度量方法评估知识发现的结果）：去除不符合评估标准的模式，往往需要采取一系列客观评估标准，比如规则的准确度、支持度、置信度、有效性等，并从实用性角度来验证数据挖掘结果的正确性。

⑦知识表示（使用可视化等手段展示挖掘出的知识）：可以使用可视化手段将数据挖掘所得到的分析结果直观展示给用户，当然也可以将分析结果存储到数据库当中，供其他应用调用。数据挖掘过程往往不是一次完成的，它是一个反复循环的过程。如果某个步骤没有达到预期目标，则需要对处理方式进行调整并重新执行。第1步到第4步的数据挖掘环节可归纳为数据预处理。简要地说，数据挖掘的步骤包括：数据预处理、知识发现、模式评估和知识表示，具体的步骤如图6-2所示。

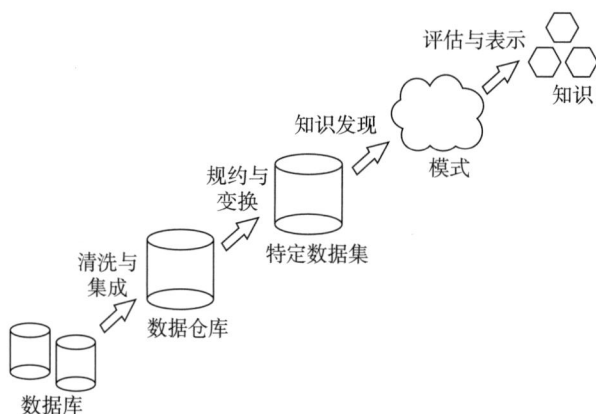

图6-2　数据挖掘过程示意图

第三节　大数据挖掘的典型应用

数据挖掘将高性能计算、机器学习、人工智能、模式识别、统计学、数据可视化、数据库技术和专家系统等多个范畴的理论与技术融合在一起。大数据时代对数据挖掘而言，既是机遇也是挑战，分析大数据，建立合适准确的体系，持续优化，提升决策的准确性，以便更有利于掌握并顺应市场的多端变化。在大数据时代下，数据挖掘作为最常用的数据分析手段得到了各个领域的认可，目前国内外学者主要研究数据挖掘中的分类、优化、识别、预测等技术在众多领域中的应用。

数据挖掘的应用范围十分广泛。比如，在市场营销领域，我们可以通过对消费者的消费数据进行分析，确定消费者的兴趣、爱好和习惯以及消费倾向，从而得出有商业价值的商业决策；在竞技运动中，教练可以不用出门，利用开发出来的专业软件，分析出每一场比赛的相关事件，进而为以后的训练提供依据；在商业银行中，通过对金融数据进行分析，得出数据模式，可以预测金融市场的变化。数据挖掘在因特网筛选中也有很重要的作用。

一、市场营销领域的应用

市场营销领域是最早应用数据挖掘技术的领域，也是最需要数据挖掘技术的领域。这

主要是由其自身的行业特性导致的，市场营销行业需要对客户信息进行精准分析，并对客户进行精准定位，通过最终的数据分析结果来为客户提供精准服务。数据挖掘技术有效地提升了市场营销领域的服务能力和销售业绩。

（一）提供个性化产品

从消费者的角度来看，个性化产品指的是能满足消费者个性化消费需求的产品；从企业竞争优势角度来看，个性化产品就是拥有竞争对手的同类产品所没有的特性和优势。

1.基于用户偏好的产品设计

区别于传统用户偏好识别，基于消费者全方位行为数据的挖掘，能够更加准确和快捷地识别用户偏好，以满足用户偏好为切入点进行产品设计。风靡北美乃至全球的美剧《纸牌屋》就是基于用户偏好设计的一个产品。故事的起因是，美国加利福尼亚州有一家专门经营在线影片租赁的公司，该公司收集了点击、浏览、观看等大量的网络用户行为偏好数据，经过数据挖掘后发现了一个有趣的关系，就是那些平时喜欢观看老版《纸牌屋》的网络用户，他们有着另外的一个共同特征：他们都喜欢由大卫·芬奇导演或凯文·史派西主演的电视剧。于是，针对这么一个有趣的发现，公司决定投资拍摄新版《纸牌屋》，并由上述两位担当导演与主角。果然，该剧一经播出，立即获得了很高的收视率。

2.基于竞争优势的产品外延

用户更希望能够在消费产品的过程中得到优质的服务以及享受到产品直接功能之外的附加功能。在产品核心功能几乎没有差异的情况下，企业只有不断丰富产品的其他层次的内容和功能，才能够更好地满足消费者的多样化需求，从而获得竞争优势，赢得消费者。所以，产品外延已然成为企业获得竞争优势的一种有效途径，更是一种新的竞争焦点，因为消费者不再仅仅满足于产品的直接效用和功能。

3.差异化价格制定

对于不同的消费者而言，他们有着各自的个性化需求，就算是同样的一件商品，它可能满足消费者的不同心理或需求，即它给消费者带来的效用是不同的。所以，对于这样一件商品，不同的消费者对于产品的价格会有不同的接受程度，即他们的支付意愿不一样。比如，有的人觉得该产品是一种身份地位的象征，所以价格再高也要买，然而有的人则不这么认为。因此，企业要改变以前单一的定价策略，以大数据挖掘为基础，识别消费者的需求和购买力，根据不同的需求和产品价格弹性进行差异化定价，从而在满足消费者个性化需求的基础上实现企业利益最大化。

（二）精准化信息传播

精准化信息传播指的是将关于企业的产品广告、促销活动等商业信息向目标受众推送，引起目标受众关注并产生点击、阅读等行为，为消费者购买所需的物品做好前期工作。

1.基于实时竞价的实时传播

RTB是英文单词"Real Time Bidding"的首字母缩写，中文意思是"实时竞价"。它是一种以大数据技术为支撑的精准传播手段，其原理是当某一个网络用户利用互联网搜索某些信息、浏览某些商品、点击某些广告窗口或链接的时候，所有的这些行为都会被毫无保留地通过Cookie（存储在用户本地终端上的数据，即小型文本文件）记录下来。然后通过广告交易平台，当用户下一次上网时，系统会在以往用户行为判定的基础上，向用户推送一些符合其兴趣偏好的广告，从而既节省了企业的广告成本，也让广告投放、推送变得更加精准，不会造成盲目推介的情况，达到企业与用户之间的双赢。

2.基于互动社交的内容传播

随着社交网络的快速发展，我们将圈子搬到了社交软件上，我们每天都花大量的时间在社交软件上聊天、交友、诉说心情、分享购物体验等，而这些社交行为会对其他的圈子成员产生一定的影响。企业则可以有效利用社交用户的自主性和基于对社交圈子的信任来营造内容传播。鉴于圈子成员间具有某种相同特征并且人们更加倾向于相信自己认识的社交圈好友，企业应该在各社交圈子里积极传播一些个性化的产品信息和营销内容。

（三）客户需求服务精细化管理

基于大数据挖掘的客户需求服务精细化管理是指通过数据挖掘识别每个客户所处的生命周期，并予以区分，针对不同生命周期的客户采取差异化的管理方式和营销策略，进而提高客户忠诚度并使得客户生命周期价值最大化。客户生命周期指的是客户关系的生命周期，它是企业从开始与客户建立业务关系一直到最终关系结束的一个全过程。

1.客户关系管理之反馈机制

企业与客户之间的关系不是一次性的业务关系，而是建立起一种长期性的业务往来关系，每一次的业务结束都意味着下一次新的业务往来正在形成，这样形成一种长期的、循环的、稳定的业务往来关系。事实上，精准营销的精准程度也是建立在不断发生的业务关系之上，即它并不是一下子就能够实现的，而是在长期与客户发生业务往来中逐渐精准的，通过对每一次营销结果的实时反馈，逐渐掌握客户的兴趣偏好，倾听客户对于产品在使用过程中的感受以及对于产品的建议，与其形成有效的互动并做出相应的改变措施。

2.客户关系之个性化推荐系统

个性化推荐系统是利用大数据分析用户对所有信息物品的访问记录，在用户与物品之间建立一种二次元关系，利用二者之间的相似性关系来挖掘用户可能感兴趣的物品，从而进行个性化产品推荐。如我们常见的淘宝上面的"猜您喜欢、您的浏览足迹、相似的物品"等相关的推荐标签。用户可以通过点击这样的推荐标签迅速找到自己想要的商品，使得用户的网上购物行为变得既简单又方便，提升了用户的购物体验。所以，个性化推荐系统不仅可以增加商品的销售，还可以帮助用户解决信息困扰问题，改善用户的购物体验，最终增加用户对系统的忠诚度。

因此，将传统的市场调研与大数据相结合，能够对消费者以及市场进行更为深入的分析，有利于企业制定出有针对性的营销策略，提高营销效率，提升企业利润。

二、金融投资行业的应用

面对海量数据做出分析，是大数据平台的目标。金融行业需要大数据，核心价值在于共享，数据可视化的发展应用扩展了传统商业的视野，应用图形分析可以使用户更直观地了解内容，发现数据特征，进而帮助其他数据分析人员抓住时机，及时操作。过去银行里的客户经理是被动的，盲目等待客户上门，其模式难以为继。现在银行业大不一样，开始主动发掘用户的不同偏好，有针对性地积极提供各种营销服务，例如，中信银行主动采用最新的Green plum系统，实现实时营销，已降低了数千万的成本。Green plum系统是一种基于PostgreSQL的分布式数据库，其采用Shared-nothing架构，主机、操作系统、内存、存储都是自我控制的，不存在共享。

在金融投资行业，大数据拥有巨大的商业价值，体现在如下几个方面：

一是快速定位，找到高价值客户群体，挖掘高潜力客户集群，实现对金融产品的准确营销；

二是利用新型的高性能数据挖掘技术，进行反欺诈商业分析，避免企业各种运营风险；

三是满足用户特有需要，银行业历史上产生的数据巨大，采集、存储、管理过程中的数据都需要进行分析，应用大数据工具可以解决金融行业用户的特有需要，控制种种风险。

大数据迫使银行和电信业提升现有业务能力，实现应用目标，利用新的技术，规划需求，建立产品数据体系，并开发相应的战略捕捉服务信息流数据，进行实时分析，提高服

务质量。除了技术创新外，善于利用行业经验是金融IT企业解决问题的关键。各行各业同步发展共享数据，健全、完善国家法律法规，构建合理的商业模式，都同样重要，都会产生无比巨大的社会价值。中国银监会设立金融消费者保护局以保障大数据金融的发展。在国外，消费者金融（Consumer Financial）可以帮助客户，并能提供丰富便利的大数据应用服务，如对客户交易日志实施实时检测，进行债权现状分析，据此实现客户分类，提供系统评分，预测客户未来行为，实现个性精准营销，避免出现坏账。而金融管理部门及时把握交易状态，提供有效监督，做出预测分析。

在信用卡业务中，违约预测的数据挖掘具有预言性、有效性、实用性的优势。在信用卡交易的过程中，数据挖掘的应用类型也比较多，如在信用卡异常行为检测、高端信用客户的维护和信用卡风险控制等方面均有实际应用。如今，随着科技的高速发展，信息量急剧增加，内容变得越来越丰富，信用卡在人们的生活中具有不可忽视的作用。众所周知，信用卡是由银行发放的，银行首先需要对申请人的个人信息进行核实，确认无误后再发放信用卡。Chen等针对商业银行贷款行为提出了一种关于信用率的模糊算法。信用卡在办理之前，银行首先需要对申请人进行细致调查，根据申请人的实际情况判断是否有能力来偿还所贷金额，刘铭等在传统的神经网络基础上，采用灰狼优化算法计算神经网络的初始权值和阈值，并提出了一种改进的模糊神经网络的算法，通过建立的信用卡客户的违约预测模型，与目前其他的预测方法进行比较，得到较好的预测结果，进一步验证了模糊神经网络在信用卡客户的违约预测上具有较好的鲁棒性、准确性和高效性。采用有效的数据挖掘技术，针对信用卡客户属性和消费行为的海量数据进行分析，可以更好地维护优质客户，消除违约客户的风险行为，有效提升信用卡等金融业务的价值。

三、教育领域的应用

过去学校通过考试或者表格调查对学生数据进行周期性、阶段性采集，依靠数据对学生的生理、心理健康、学习状态以及对学校的满意度来进行评估。这种信息采集具有事后性、阶段性和非实时性，并且会对被采集者（学生）造成压迫性。与之相应的，大数据采集是过程性的，它关注每一个学生在上课、作业、教学互动过程的每个微观表现，采集是在学生不自知的情形下进行的，不影响学生的正常学习和自尊心。这些数据的获取、整理、采编、统计、分析需要经过专门的程序和专业人员高效率完成。

美国的一些企业已经成功地在教育中实现了大数据处理的商业化运作。如全球最大的IT厂商IBM公司与亚拉巴马州的莫白儿县公共学区进行合作，通过对学生数据探测和行为

干预，改善学生的学习成绩。在IBM的技术支持下，公司建立了跨校学习数据库，收集了100多万名学生的相关记录和700多万个课程记录。软件分析的结果不仅能够显示出学生的成绩、出勤率、辍学率、入学率的情况，还能够让用户探知导致学生辍学和学习成绩下滑的警告性信号；允许用户发现那些导致无谓消耗的特定课程，揭示何种资源和干预是最成功的；通过监控学生阅读电子材料情况、网络交流情况、电子版作业提交情况、在线测试情况，可以让老师及时诊断每个学生的问题所在，及时提出改进建议。

利益相关者（Stakeholder）是一个实体（人、组织等），与教育数据挖掘存在着一定的利益关系。利益相关者可以认为是教育数据挖掘过程中的受益者，也可以认为是教育数据挖掘的实施主体、面向用户等。教育数据挖掘的利益相关者如表6-1所示。

表6-1　教育数据挖掘的利益相关者

用户/行动者	应用数据挖掘的目的
学生	提高学习资源利用率来提高学生学习的质量；根据学习任务设置学习活动；提高学生学习兴趣；记录学习资源浏览行为；总结建议；推荐课程；关联讨论
教育人员	反馈教学目标；分析学生学习行为；支持学生需求；预测学业成绩；分组学习；发现常规和非常规学习模式；发现常见错误；选择高效率活动；提高课程适应性和用户体验度
课程开发人员/教育研究人员	评价和更新课件；提高学生学习效果；评估课程结构和学习效率；构建学生模型和智能导学模型；应用教育数据挖掘技术，开发教育数据挖掘工具
教学机构	增强数据挖掘在院校决策中的应用；提高决策效率；定制学生课程；设置特殊课程；提高学生记忆力和学习成绩；确定毕业生应具备的素质；构建优秀大学生推荐辅助系统
组织者	管理和利用资源；满足教育项目需求；提高远程学习效率；评价教师和课程；设置网络课程参数

（一）个性化学习服务

个性化学习服务可以为学生提供最合适的学习资源，如推荐课程、个性化干预、开发预警系统等。目前在教育数据挖掘领域主要存在以下两种关于个性化学习服务的研究。

1.基于推荐系统的个性化学习服务

当前研究者提出的基于推荐系统的个性化学习服务主要包括基于内容的推荐算法、协同过滤以及混合推荐算法，如Wu等人提出了一种基于模糊树匹配的推荐方法，为学习者推荐合适的学习活动；Bokde等人则开发了一个多标准协同过滤与降维技术相结合的推荐系统，为学生推荐适合他们的大学；朱天宇等人提出了一种面向学生的协同过滤试题推荐方法，该方法可根据学生知识点掌握程度推荐难度合适了的试题。

2.基于数据挖掘的个性化学习服务

用于个性化学习服务的数据挖掘方法主要有分类算法、聚类算法以及关联规则等。如Dora等人提出了一种基于最小二乘法的自动推荐方法，可根据学生学习风格自动推荐学习内容；Natek等人使用决策树算法对学生进行分类，得到了各类学习者的个人信息特征和教学环节特征，为高校提供决策建议；Aher使用Apriori算法和K-means聚类算法对各类学生的课程学习记录进行关联规则分析，为学生推荐合适的课程。此外，一些研究者也在个性化学习服务中使用了其他技术，如：Cheon等人设计了一种以教师为中心的干预措施，即教师根据小组讨论、调查问卷的结果调整教学激励方式，为学生内在动力的培养提供环境；Lai等人开发了一个自适应的学习系统来支持翻转课堂学习活动。该系统由课外学习系统、自律监控系统、教师管理系统和数据库组成，可以监控学生学习过程并提供学习策略。

（二）学生学习效果研究

数据挖掘可以用于预测学生的学习效果。研究者通常使用学生个人信息、各门课程历史数据，以及学习行为等数据通过分类和回归等算法建立模型来预测学生未来的学习表现。Asif等人使用决策树、朴素贝叶斯、随机森林等10种分类算法基于210名学生的大学预科成绩来预测学生大四时的成绩。蒋卓轩等人基于北京大学在Coursera上开设的6门慕课（Massive Open Online Courses，MOOC）共8万多人次的学习行为数据，使用判别分析、Logistics回归和线性核支持向量机建立3种分类模型来预测学生是否能获得证节。Okubo等人使用了基于长短期记忆（Long Short-Term Memory， LSTM）的循环神经网络来预测学生期末成绩。Jishan等人利用朴素贝叶斯、决策树以及人工神经网络3种分类模型和经过不同预处理的4组数据寻找最优组合来预测学生成绩。Fernandes等人使用梯度提升机分类方法分析影响学生成绩的因素。除了学生学习表现，也有研究者十分关心如何提升教师教学效果。如Agaoglu通过一份学生对课程的评价问卷得到实验数据集，采用决策树、支持向量机、人工神经网络和判别分析4种分类技术预测教师教学效果；Corcoran等人使用逻辑回归来寻找影响教师教学效果的因素；Stupans等人使用文本分析软件（Leximancer）对学生的反馈意见进行文本挖掘，其结果有利于教师提高教学质量。

（三）学习行为研究

研究者通过社交网络分析、聚类、分类等方法对学习者的海量行为数据进行探索与分析，可深入了解学习者的学习习惯和学习特征，教学者可根据学生学习行为特点，制

订相应的教学计划或将学生分为学习风格互补的学习小组来提高学习效率。Rabbany等人使用社交网络分析算法对学生在课程管理系统中论坛的参与情况进行评估，如追踪学生回复的主题、发布的帖子数量等，从而能使教师迅速了解到学生讨论的热点内容。姜强等人首先根据Felder-Silverman学习风格理论模型筛选出了最能影响学习者学习风格的几种网络学习行为模式，然后采用贝叶斯方法来推测学习者学习风格。Morris等人以评价阅读整体流畅性的指标作为预测变量，选择判别分析来预测小学一年级学生的阅读流畅度。Ruiperez-Valiente等人使用两步聚类对学生在游戏化学习场景中的徽章系统的表现进行分析，将学生分为学习特别努力、中等努力以及基本不努力3类。Kizilcec等人采用逻辑回归模型研究慕课平台上学习者的自主学习能力和实现个人课程目标的联系。Luna等人提出了一种优化的进化算法用于挖掘Moodle平台上学生学习行为的关联性，并将该算法与其他5种关联规则算法进行了比较。Geigle等人在单层隐马尔科夫模型（Hidden Markov Model，HMM）的基础上添加了一层HMM，形成了TL-HMM。通过TL-HMM可对大量学生行为观察序列进行无监督学习，从而发现潜在的学生行为模式。

四、税务行业的应用

过去20年，我国税收征管信息化走完了从零星分散到集中统一的进程。税收管理与服务过程完全实现了数据化，税务数据、第三方涉税数据、互联网涉税数据高速积累、集中。税务系统的数据利用方式正由传统的查询与汇总走向信息综合应用阶段，利用数据优化纳税服务、提高征管质效、防范税源流失、促进经济发展、提升政府决策已成为业内共识。数据挖掘、数据仓库等技术在税务征管中的相关应用研究已经有所开展，分类、聚类等算法以及数据仓库在税源预测、纳税服务、纳税评估、税务稽查、信用评定等方面正逐步付诸实践。随着国地税数据的归并、自然人涉税信息库的建立，上述应用将成为该行业的重要支撑。

随着全球税务信息化研究的不断加深，学者们开始认识到，通过信息技术或大数据技术不仅可以减轻税务工作人员的负担，而且也可以更加有效地存储信息，随时保存和检索原始数据，使税务数据的综合管理成为税务信息研究领域的重要课题。

近几年来，我国对大数据与税源专业化的关系及其应用研究予以重视。例如，彭骥鸣、曹永旭和韩晓琴（2013年）认为在大数据背景下，税源专业化管理既有机遇又有挑战。对税收数据进行挖掘和分析，可以提高税源专业化管理效率。对涉税数据进行数据分析，是强化税源管理的重要举措。李苹和刘柯群（2016年）分析了大数据时代税源专业化

管理需要面对的客观问题，并建议利用大数据技术推动税源专业化管理。王一民（2014年）分析了目前情况下税源专业化管理中的数据分析的作用和功能，并提出了应用中存在的问题，为完善数据分析系统在税源专业化管理应用上提出了有效的建议。宋瑜（2016年）梳理了大数据和税源管理的基本原理与特点，研究了它们的内在关系，同时根据大数据在税源管理中应用时可能存在的问题，提出要从理念入手，并建立数据规范，创新数据挖掘分析，提高税源管理效率。刘磊和钟山（2015年）重点关注了税收工作在大数据时代受到的影响，并详细阐述了全球各个政府税务部门如何利用大数据技术，对公共管理和服务进行创新的成功经验。王晓东、钟小新和赵建东（2015年）提出要创建大数据采集、存储和转换机制，完善涉税相关大数据的挖掘、分析、加工机制和大数据应用机制，对税源管理方式进行创新，最大限度减少税收征管成本，防止税收流失。欧舸和金晓茜（2017年）将大数据技术运用到金税三期中，给税收、纳税人和经济三者的全面协调发展带来了机遇。刘尚希和孙静（2016年）认为税收的管理方式随着大数据时代的到来将发生实质性的改变，大数据必定成为税源专业化管理与税收征管的基础设施。

关于税务系统中数据挖掘的应用研究，我国学者也做了许多工作，包括数据挖掘的各种方法应用于税务工作的各个方面。彭珂（2008年）探讨了如何在金税工程中引入数据挖掘技术，他对金税工程和数据挖掘分别进行了阐述，并对具体分析和结合方案提供了建议。程辉（2013年）从数据挖掘的价值出发，提出把大数据"升值"成为有价值的资源。数据挖掘是重要手段，也是提高税收征管水平的有力武器。他提出需要研究开发对涉税数据能够进行分析、处理和加工等功能的数据挖掘系统，从而实现自动读取、测算、评估等数据智能化处理，并利用相关数据的智能化挖掘技术，提高税务工作的科学性和严谨性。于众（2016年）认为大数据已经上升成为国家发展战略，涉税数据的深度分析工作需要各个部门的努力，在税务部门内树立"数据为王"的思维，充分培养数据挖掘人才，综合利用数据挖掘技术，才能实现税收数据深度分析，并全面提高信息管税水平。时待吾（2016年）利用数据挖掘技术对某省地税局数据进行实证分析，证明了决策树（Decision Tree）、随机森林（Random Forest）分类算法能够较好地预测企业欠税。

综上所述，随着信息科技和网络的发展，大数据时代不可避免地到来了。全球各国政府对大数据资源都高度重视，我国众多学者的研究为数据挖掘的利用打下了良好基础，数据挖掘技术在实际税务工作中的推广，也有助于信息管税的进程。同时，作为数据挖掘中的一种算法，聚类分析在处理大数据中有其独特的优势。专家学者的实证分析和应用分析可以表明其在税务部门各项日常工作中具有充分的适用性。

五、多媒体数据挖掘的应用

大数据时代下，视频、音频、图像等都属于多媒体的范畴。随着时代的发展，海量的数据结构变得日益复杂化和动态化，如果只是使用传统数学方法去处理现实生活中的问题，取得的效果通常不能满足人们的预期。无人机和无人驾驶的流行、公安天网工程的实际应用、智慧医疗项目的全面发展都会要求对多媒体数据进行快速处理。想要得到更理想的效果，需要开发和设计数据挖掘的新智能算法。

无论怎样，数据挖掘的发展需要紧跟社会的需要。发展是永恒的，首先，数据挖掘必须满足信息时代用户的急需，相关的软件产品必须尽快开发问世；其次，我们只有从数据挖掘中提取出有效的信息，再从这些有效的信息中发现知识，为人们做决策提供服务，数据挖掘的前景才是美好的。

参考文献

［1］马宇博，陈镜宇，杨帆.市场营销管理创新途径研究［M］.长春：吉林人民出版社，2020.

［2］王微微."互联网+"新经济背景下的市场营销［M］.成都：四川大学出版社，2018.

［3］于富志.大数据时代［M］.长春：吉林文史出版社，2017.

［4］蒋卫华.移动互联时代市场营销变革与创新［M］.北京：北京工业大学出版社，2018.

［5］张育洁，刘静茹.经济全球化背景下市场营销管理的理论与应用［M］.长春：东北师范大学出版社，2018.

［6］罗晓曙.人工智能技术及应用［M］.西安：西安电子科技大学出版社，2020.

［7］王鸿冰.智能服务与营销［M］.北京：中国民主法制出版社，2020.

［8］张志千，肖杰，高昊，等.互联网营销［M］.北京：知识产权出版社，2016.

［9］施娟.营销渠道管理［M］.上海：上海财经大学出版社，2019.

［10］刘娜.新媒体营销［M］.西安：西安电子科技大学出版社，2021.

［11］陆生堂，卫振中.数字经济时代下企业市场营销发展研究［M］.太原：山西经济出版社，2021.

［12］王向娟，马杰，王婷婷.市场营销变革与创新［M］.长春：吉林出版集团股份有限公司，2020.

［13］张铁志.市场营销与企业管理［M］.天津：天津科学技术出版社，2019.

［14］杜军燕.新时期市场营销战略与管理创新研究［M］.北京：北京工业大学出版社，2019.

［15］伍应环.市场营销理论与实务［M］.北京：北京理工大学出版社，2019.